더 멘탈

지금 당장 부의 주인이 되는 20가지 비법

문기명 지음

대경북스

더 멘탈

1판 1쇄 인쇄 2024년 1월 10일
1판 1쇄 발행 2024년 1월 15일

지은이 문기명

발행인 김영대
펴낸 곳 대경북스
등록번호 제 1-1003호
주소 서울시 강동구 천중로42길 45(길동 379-15) 2F
전화 (02)485-1988, 485-2586~87
팩스 (02)485-1488
홈페이지 http://www.dkbooks.co.kr
e-mail dkbooks@chol.com

ISBN 979-11-7168-017-7 03320

추천의 글

이춘호
(여행작가 겸
대구음식문화학교장)

경영심리학의 신지평으로 봐도 무방할 정도의 책으로 보인다. 성공한 자만의 남다른 멘탈(마인드)이 무엇인지를 어려운 경영학 이론 대신, 자신이 겪은 가족사, 그리고 절망 직전의 상황에서 반전을 이뤄 발군의 자리에 오르게 된 자신만의 삶의 태도를 여러 범주로 묶어 스토리텔링을 했다.

그의 글을 읽으면서 필자의 안목과 현실에 내한 분석력에 대해 여러모로 곱씹어 보게 되었다. 그는 자신의 출발이 정말 보잘 것 없고, 그 어떤 준비도 되지 않았음을 솔직하게 고백한다. 그리고 거기서 벗어나기 위해 주위의 고수들을 멘토로 만나고 그 과정에 알게 된 노하우를 스터디해서 자신만의 원천기술로 녹여내는 과정이 잘

소개되어 있다.

　필자는 성결하고 성숙하고 그러면서도 타인에 대한 배려가 넘치는, 공감대 형성을 위한 만반의 준비가 된 사람으로서, 자신의 성공보다 타인의 성공에 더 관심을 두는 것 같다. 자신보다 남부터 위너로 만들어 준다면? 그러면 절망도 희망의 우군이 된다.

　특히 미래로 항진하지 못하고 서성거리고 있는 청년 백수들에게 일독할 것을 권하는 바이다.

책머리에

　　나와 아내는 평생 친구이자 비즈니스 파트너다. 어느 날인가 아이들을 재우고 집 앞 계단에 앉아 이런저런 이야기를 하다가 아내가 나에게 이런 말을 했다.

　　"오빠, 우리 지금 하고 있는 비즈니스를 한국에 가서 다시 시작하면 어떨까?"

　　이제서야 미국 생활에 적응도 되고, 이곳에서의 비즈니스도 조금씩 펼쳐지고 있는데 갑작스러웠다.

　　한국으로 돌아갈 때 금의환향까지는 아니더라도 뭐라도 내세울 작은 거라도 보여주고 싶은 마음이 있었는데, 아직 아무 것도 보여줄 것이 없었다. 게다가 가족과 지인을 포함해서 수많은 사람들의 반대와 걱정을 무릅쓰고 미국에 왔는데 말이다.

"이러려고 미국까지 갔어?"

그런 말은 듣고 싶지 않았다.

그런 마음이 있었기에 귀국을 한다고 하더라도 조금이라도 미루고 싶었다. 그러자 아내가 다시 나의 가슴을 후비는 말을 던졌다.

"우리 아직 젊잖아!

우린 지금 시작해도 뭐든지 할 수 있잖아!"

이 말을 듣는 순간 솔직히 내 자신이 부끄럽게 느껴졌다. 나보다 더 당찬 구석이 많은 아내의 말에 어떤 대꾸도 할 수 없었기 때문이다. 이 일을 계기로 아내의 판단과 확신에 더욱 믿음을 갖게 되었다.

미국에서 지낸 3년여의 세월. 하지만 정작 나는 왜 이역만리 미국으로 왔는지 의구심이 들기 시작했다. 세계 최강이라 불리는 이 나라에서 내가 진정으로 원하는 게 뭔지 내 자신에게 반문하게 되었다. 막연한 성공과 출세,

그걸 이루려면 미국 정도는 되어야 하지 않을까라는 생각, 아니면 나도 모르는 허세와 허영 때문에 미국으로 온 건가? 미국행 비행기를 타겠다고 마음먹었을 때의 마음가짐과 생각을 총체적으로 점검하게 되었고, 그렇게 길지 않은 내 삶을 여정을 꼼꼼하게 분석해 보았다. 그러자 내 인생을 대대적으로 혁신해야 한다는 결론에 다다랐다. 몇 달 후 미국 생활을 미련 없이 정리하고 한국으로 돌아왔다.

나의 멘탈은 이처럼 불안정하고 언제든 이리저리 상황과 환경에 의해 쉽게 좌우되었다. 그럴 때마다 아내의 결정타 한마디가 나에게 큰 힘이 되었다.

나는 누구보다 멘탈이 약한 사람 중 한 명이다. 지금 이 글을 읽는 분도 아마 나랑 비슷한 생각을 가지고 있지 않을까?

세상사! 어쩌면 그 요체는 부귀공명이 아니겠는가? 다들 부귀공명에 초연한 것처럼 행동해도 솔직한 내면은 그렇지 않을 것이다. 부귀(富貴)를 향한 길이 바로 삶이라 해도 과언은 아니다. 모두가 부러워하는 돈과 권세, 그걸 잡으려면 마인드(멘탈)가 바로잡혀 있어야 한다. 돈만 잡으려고 하면 돈은 도망간다. 돈은 돈 밖의 문제다. 사람과 사람 사이에 돈이 있다. 사람에게서 멀어지면 돈도 달아나 버린다. 인간관계가 제대로 형성되어 있지 않으면 돈은 절대 찾아오지 않는다. 유대인은《탈무드》라는 지혜의 경전을 통해 세상의 부귀를 불러들이는 방법을 후손에게 가보처럼 전달하고 있다. 나 역시 그동안 터득한 나만의 노하우를 독자분들에게 전하고자 한다.

인류의 역사를 살펴보면, 강도의 차이는 있었지만 팬데믹이 멈춘 적은 단 한 번도 없었다. 온갖 풍파와 격랑을 극복하며 우리 인류는 진화해 왔다. 인류는 진화하면서 숱한 문명의 이기를 양산했고, 그로 인해 국가 간, 개인 간 엄청난 부의 격차가 생겨날 수밖에 없었다. 삶이 존재하는 한 그 격차는 피할 수 없다. 가장 간단한 의식주부터 시작해서 교육의 격차, 꿈의 격차도 엄청나다. 인간의 위대함은 바로 그 격차를 극복하려는 과정에서 증명되었다. 그 격차는 개인, 국가의 능력과 실력 차에 기인한다. 그 격차를 제로로 만들려고 시도하는 사람도 있지만 그게 과연 가능하기는 할까 싶다. 나는 그 격차야말로 인류가 더 광대하고 밝고 정의로운 미래로 나가게 만드는 추진동력일 수도 있다고 생각한다.

그 격차를 줄이고 넘어서는 방법이 있다. 그건 바로 신이 우리에게 준 선물과 같은 '멘탈'이다. 이 책은 격차의 벽을 넘어서지 못하고 스스로를 무너트려 과거라는 감옥에 스스로를 가두고 살아가는 사람들, 격차의 벽을 자신만의 확고한 멘탈로 무너트린 뒤 가장 멋지게 부를 축적하면서 이타적인 현재를 살고 싶은 사람들에게 지금까지 한 번도 경험하지 못한 새로운 인생의 지침서가 될 것이다.

차   례

1장 부의 전환을 이루는 **첫 번째 비법**

부자들은 멘탈 교육부터 시작한다

교육은 그대의 머리 속에 씨앗을 심어주는

것이 아니라, 그대의 씨앗들이 자라나게 해

주는 것이다.

-칼릴 지브란

왜 부자들은 계속 부자로 살아가는가? 그들의 DNA
가 우리와 달라서인가? 아니면 물려받았거나 축적해 놓
은 부가 많아서인가? 나는 그들이 무엇을 생각하고 교육
하는지에 관심이 생기기 시작했다.

돈으로 멘탈을 가르치다

만약 지금까지 부자로 살아온 사람과 그렇지 않은 사
람에게 똑같은 돈을 나누어 주었다고 가정해 보자. 그리
고 3년이 흐른 뒤, 그들이 가지고 있는 돈의 액수는 같을
까, 아니면 다를까?

성경을 보면 이런 비유가 나온다. 주인이 외국으로 가면서 세 명의 종을 불러 각각 그 재능대로 한 사람에게는 금 다섯 달란트, 다른 한 사람에게는 두 달란트, 나머지 종에게는 한 달란트를 나눠주고 떠났다. 다섯 달란트를 받은 종은 바로 그것을 밑천으로 장사를 해서 다섯 달란트를 더 남겼고, 두 달란트를 받은 종도 다섯 달란트를 받은 종처럼 하여 두 달란트를 더 남겼으나, 나머지 한 달란트를 받은 종은 그 돈을 땅에 묻어 두었다가 오랜 후에 주인이 돌아왔을 때 그대로 내어주었다고 한다.

이 비유가 의미하는 바는 무엇인가? 결론부터 말하면 돈의 액수가 중요한 것이 아니라 돈을 대하는 사람의 생각과 마음이 더 중요함을 깨달을 수 있다. 똑같은 종의 신분으로 살아왔지만, 누군가는 종의 마음이 아닌 부자의 마음으로 살아가는 사람이 있는가 하면 평생을 종으로 살아왔기에 종의 생각으로만 살아가는 사람도 있다. 나는 그것을 '멘탈의 차이'라고 말한다.

부를 이루고, 일궈낸 부를 지키고 늘리는 과정은 누구에게나 쉽지 않다. 그런 과정에서 가장 중요한 흔들리지 않는 멘탈을 키워낸 이들이 바로 지금의 부자들이다. 그들은 부를 유지하고 나아가 더욱 키워내기 위해 자녀들에게 많은 경험과 교육의 기회를 주면서 지금도 부자 멘탈을 전수하고 있다.

홍콩의 유명한 배우이며 할리우드 스타인 성룡의 일화가 많은 이들에게 큰 가르침을 준 적이 있다. 그 내용은 다음과 같다.

성룡이 지금까지 벌어들인 전 재산 1조 7,000억 원의 절반 가량을 사회에 기부했다는 내용이었다. 그 기사를 쓴 기자는 성룡에게 질문을 했다.

"왜 당신은 그 많은 재산을 자녀에게 유산으로 남기지 않습니까?"

성룡은 망설임 없이 이렇게 대답했다.

"아들에게 능력이 있다면 재산이 필요 없을 겁니다. 능력이 없다면 헛되이 탕진할 겁니다."

이 기사를 보면서 나는 '아버지로서 아들에 대한 믿음뿐만 아니라 천하무적급 강력한 멘탈을 유산으로 남겨주었다'고 생각했다. 그리고 세계적인 부호인 마이크로소프트의 빌 게이츠의 아버지 또한 아들에게 "쉽게 물려받은 재산은 무능함과 허영심으로 인해 인간을 더 망친다."라고 말했다고 한다. 빌 게이츠 역시 세 명의 자녀에게 적은 돈만 유산으로 남기고 나머지는 사회에 환원하겠다고 밝혔다.

감정을 다스리는 것이 나를 다스리는 것이다

살다 보니 나를 가장 어렵고 힘들게 만드는 것이 감정임을 깨닫게 되었다. 그중에서도 나를 가장 힘들게 하는 감정이 바로 걱정/두려움/우울이다. 이 감정은 수시로 나를 잡아먹으러 온다. 과연 이 감정을 어떻게 다스려야 나의 멘탈을 제대로 유지할 수 있을까? 멘탈 강화, 이것 또한 교육과 훈련이 필요하다.

걱정이라는 감정을 대할 때 가장 중요한 것은 적극적인 자세이다. '걱정거리'에 대해 정확하게 파악하고 있지 못할 때, 걱정이라는 막연한 감정이 만들어진다. 그러면 과연 어떤 일이 벌어질까? 나를 비롯한 많은 사람들이 걱정에 걱정을 쌓고 또 쌓으며 살아간다. 결국 해결되는 것은 하나도 없고 또 다른 걱정거리만 마음 속에서 부풀어오른다. 그렇기에 걱정이 되면 그 걱정의 원인을 먼저 파악하고, 그것을 어떻게 하면 해결할 수 있는지, 그리고 그 걱정거리의 해결을 위해 도움을 줄 누군가를 찾아본다면 걱정이라는 감정은 대부분 서서히 사라지게 된다.

두 번째 감정은 바로 두려움이다. 두려움이란 감정은 정확히 이야기하면 무지에서 오는 감정이다. 길을 가다가 낯선 풍경을 접하는 순간 두려움이 몰려온다. 여행을 떠났는데 예상치 못한 사태가 벌어졌을 때 두려움은 고개를 쳐든다. 바로 이거다. 무언가 준비되어 있지 않을 때 두려움이라는 감정이 내 속에서 만들어진다. 이때는 먼저 내가 무엇을 모르는지를 먼저 파악해야 한다.

그리고 내가 모르고 있던 것을 어떻게 배우고 알아낼 수 있는지 고민한다면 두려움은 결코 해가 되지 않는다.

마지막으로 우울이라는 감정이 가장 나를 괴롭게 한다. 우울은 나를 잡아먹는 바이러스와 같다. 어느 날 갑자기 '나는 지금까지 뭐하고 살았나?' '세상은 이렇게 평화로운데 왜 이렇게밖에 못 살았지?' 등 수많은 우울

한 감정이 내 마음을 조여온다. 이럴 때 가장 중요한 건 몸이다. 가만히 앉아서 생각하는 시간, 아니 우울해지는 시간을 가지면 가질수록 이 감정은 더 나를 괴롭게 한다. 그렇다면 먼저 밖으로 나가라. 그리고 걸어라. 그리고 진정 내가 좋아하는 것이 무엇인지, 내가 정말 사랑하는 사람은 누구인지를 생각하고, 나의 손을 잡아줄 수 있는 단한 명에게 먼저 다가가는 일부터 시작하라. 그리고 그것을 매일 반복하라. 그렇지 않으면 우울 바이러스는 결코 종식되지 않을 것이다.

성공의 초심을 잃지 말아라

사람들은 성공하고 싶다고 공공연하게 말한다. 하지만 정작 성공하는 사람들은 많지 않다. 성공하지 못하는데에는 다 이유가 있다. 그렇다면 성공하는 사람들은 어떤 이유로 성공하는 것일까? 성공하기 위해서는 초심을 잃지 않아야 한다. 성공으로 가는 길은 절대 평탄하지 않다. 그 과정에는 때로는 실수와 실패가 있고 위기도 도사리고 있다. 위기가 닥쳐오는 순간 성공하는 사람과 그렇지 못한 사람으로 갈라지게 된다. 성공하는 사람은 성공의 초심을 잃지 않았기 때문에 자신이 가고자 하는 방향을 정확하게 알고 있다. 위기를 극복한 뒤에 찾아오는 성공의 맛을 안다고나 할까. 그러한 과정의 반복이 결국 성공하는 사람을 만들어낸다.

사람은 누구나 넘어질 수 있다. 반대로 표현하면 사람은 누구나 일어설 수도 있다. 그것을 반복하는 것이 바로 성공의 초심이다. 이 책을 지금 읽고 있는 당신은 분명 성공의 초심을 간절히 원하고 있을 것이다. 그리고 분명 당신은 다시 일어설 것이고, 성공의 문을 여는 과정에 이미 들어와 있음을 잊지 말기를 바란다. 스스로에게 이렇게 말해봐라.

난 성공자다. 난 성공자다.

2장 부의 전환을 이루는 **두 번째 비법**

내가 이기나 네가 이기나

잘 될 거라고 믿으면 기회를 보고, 잘 안 될

거라고 믿으면 장애물을 볼 것이다.

해마다 새해가 되면 대부분의 사람들이 새해의 목표를 세우고 그 목표를 이루기 위해 일상 속에서 실천하려고 노력한다. 다이어트, 금연, 내집마련, 취직 등.

나의 새해 소망은 바로 '책 쓰기'였다. 매년 쓰고 싶다고 마음만 먹었지 한번도 실행하지 못 했다. 아니 그냥 스마트폰 속 나만의 공간에서 몇 자 적는 둥 마는 둥, 뭐 그렇게 하면서도 입으로는 "나 책을 쓰고 있어."라고 수십 번은 더 이야기한 것 같다.

왜 그랬을까? 스스로를 자책하는 시간이 많을수록 자존감은 점차 바닥을 향해 추락한다. 이래서는 안 되지. 나는 새해를 시작하면서 '미라클 모닝(Miracle morning)'이라는 챌린지를 시작했다. 새해 목표인 책 쓰기를 꼭 실천하겠다면서 1월 1일부터 굳게 다짐하고 계획까지 짰다.
아뿔사! 이게 뭐야? 12월 31일부터 1월 3일까지 가족, 친
구와 함께하는 여행 스케줄을 잡아놓은 것이다.

'여행은 내 인생의 일부인데, 그러면 1월 4일부터 할
까, 아니면 그냥 여행 마치고 시작하면 될까? 누구한테
도 이야기하지 않았는데 말이야.'

하지만 마음속으로부터 나를 질책하는 목소리가 들려
왔다.

그럴 줄 알았어.
네가 왜 지금까지 못 한 줄 알아?
맨날 생각만 또 말만 하니까 그래.
올해도 그럴 줄 알았어!

나도 모르게 정신이 번쩍 들었다. 그래 이젠 더이상 미
룰 수 없어. 해보자, 내가 이기나 네가 이기나. 일단 시작
부터 하자! 1월 1일 가족여행 가서도 하면 되지! 몇 번이
나 마음을 가다듬었다. 12월 31일, 여행지에서 아이들과
밤새 야간스키를 타고 친구와 오랜만에 와인도 한 잔하

고 새벽이 되어서야 잠들었다. 그리고 새벽 4시 30분. 전날 신나게 놀다가 잊어버렸는데 알람이 울렸다. 정신이 번쩍 들었지만, 이미 몸은 천근만근, 그래도 일단 몸을 일으켜 거실로 나가서 노트북을 열었다.

한참을 노트북 앞에서 생각 삼매경에 빠졌다. 멍하게 있다가 '내가 무슨 이야기를 하고 싶어 책을 쓰려고 했지?'라며 자문했다. 그리고는 그냥 키보드 자판을 두드리기 시작했다. 그런데 평소 생각했던 것들이 술~ 술~ 나도 모르게 글로 적히고 있었다. 참으로 신기했다. 비몽사몽하면서 1시간 이나 글을 쓰는데도 시간 가는 줄을 몰랐으니까. 해가 뜨는 모습도 보게 됐다. 모처럼만에 뿌듯함마저 느껴졌다. 진작 이렇게 하면 됐을 걸 왜 여태껏 안 했을까? 그렇다. '시작이 반'이다.

나는 그날 이후로 매일 새벽 4시 30분이면 일어나 앉아 글을 쓰기 시작했다. 지금은 12일째 구간을 지나고 있고, 그 사이 벌써 초고를 반 정도 완성했다.

이처럼 무엇이든 실천하면, 생각이 곧 현실이 된다는 자신감으로 나는 하루를 또 살아갈 수 있을 것이다. 올해 내 일상을 관통하는 세 가지 단어를 정했다.

원씽크(One Think)

몰입

그릿(Grit)

이 모두 내게 하는 말이다. 나는 여러 가지를 잘 하지 못하는 사람이다. 여러 가지를 해도 성과가 나지 않을 때가 훨씬 많다. 그래서 한 가지에 집중하고 그것을 이루기 위해 집중하고 의지를 강화하고 싶었다. 그래서 하고자 하는 것을 스케줄에 넣었다. 그리고 하나씩 해결한다는 마음으로 지속하고 있다. 그중 하나가 책 쓰기다.

아는 것과 하는 것

나는 지금까지 '아는 것'이라고 착각하며 살았다. 열심히 '사는 척'하며 살 때가 너무 많았다. 모든 게 다 주위의 시선을 의식해서다. 그렇게 마흔이 되었다. 나라는 존재는 누구의 것도 아님에도 불구하고 사회라는 환경을 탓하며 알게 모르게 그렇게 살아왔을 수도 있다. 하지만 이제는 두 번째 스무살이라 생각하고 다시 청년의 순수함으로 나만의 인생을 바라보며 살려고 한다. 더 열심히 배우고 경험해야 한다. 그냥 열심히 사는 척하는 것이 아니라 하나님이 나에게 주신 가장 큰 선물인 시간을 소중히 하며, 최선을 다해 모든 일에 열과 성을 다해 살아갈 것이다. 그것이 나를 더 나답게 만든다는 것을 이제는 안다.

　오늘도 난 누구처럼이 아닌
　나로 살아간다.

여행 사기사건

　한국에서 함께하는 수십 명의 파트너 분들과 함께 비즈니스 트립을 준비하고 있을 때였다. 우리가 계획했던 비즈니스 트립은 미국 서부 지역 컨벤션을 마무리로 한국에 다시 돌아오는 일정이었다. 2년에 한 번씩 이런 비즈니스 트립을 실시하는데, 그 해도 마찬가지로 2년 동안 준비하고 여러 계획을 세워서 여행 에이전시와 계약도 하고 잔금도 지불했다. 많은 인원이 움직이다 보니 그만큼 세심한 준비가 필요한 여행이었다. 근데 출발을 앞두고 무언가 이상한 일들이 하나씩 나타나기 시작했다. 이쯤 되면 비행 스케줄도 나와야 하고, 여러 가지 체크리스트도 여행사를 통해 우리에게 전달되어야 하는데 아무런 이야기가 없었다.

'좀 늦어지려나? 뭐 거기도 바쁘겠지' 하며 느긋하게 기다렸다. 설상가상, 원래 계약한 일들이 하나씩 미뤄지는 상황이 반복되었다. 이상하다 싶어 알아봤다. 여행사 대표가 우리가 계약한 내용을 미국측 에이전시에 전달하지 않은 것은 물론 항공사 등과도 아무런 계약이 이루어지지 않았다는 것을 알게 되었다. 뒤에 경찰 조사를 통해 사실을 알게 된 후 경악을 금치 못했다. 계약했던 여행사 대표는 우리의 경비로 호화스런 가족여행을 다니는 등 사비처럼 사용했다고 한다. 나는 그 일로 크게 쇼크를 받고, 적잖은 후유증을 겪어야만 했다. 나의 멘탈은 쉽게 무너져내렸다. 집에서도 회사에서도 일이 손에 잡히지 않았다. 아무런 일을 할 수 없게 되었다.

이 여행은 나에게 단순한 여행 이상의 가치가 있었기

때문이다. 많은 파트너 분들을 리딩하는 대표 자격으로 추진해온 프로그램이었고, 1년 이상의 비즈니스 방향을 잡을 수 있는 중요한 미션을 띠고 있던 계획이었기 때문이다. 더욱 우려되었던 것은 이 사고로 인해 나와 파트너십을 이루고 있던 팀원들이 나와 사업을 하지 않겠다고 하지나 않을까 하는 것이었다. 두려움이 내 일상을 붕괴시키기 시작했다.

'남들에게는 좀처럼 일어나기 힘든 그런 일이 왜 내게 일어난 거지?' 꼬리에 꼬리를 무는 생각이 내 삶을 계속해서 위축시켰다.

이 사고가 일어나고 얼마 되지 않아 내가 섬기고 있는 교회의 담임목사님이 찾아오셨다. 우리 교회는 작다. 성도가 많지 않아 목사님은 모든 성도한테 많은 관심을 주신다. 나는 사고가 일어난 후 마음이 불편해서 교회에 가지 못하고 걱정만 하고 있었다. 목사님께서 연락을 주셨기에 이런저런 이야기를 나누다가 결국 사고 이야기까지 하게 되었다. 목사님은 얼마 후 회사를 방문하셔서 기도를 해주셨다. 그때 들려주신 말씀이 나에게는 매우 큰 힘이 되었다.

사고로 돈을 잃을 수는 있지만,

사람을 잃으면 안 되지 않겠어요.

이 말이 나에게는 큰 위로가 되었다. 다시 마음을 다잡았다.

'그러면 지금부터 나는 무엇부터 해야 하지?'

여행으로 시작한 일이니 여행으로 마무리를 해야겠다는 생각이 들었다. 사고로 개인적인 손해를 보았지만 더 큰 손해를 보더라도 파트너 모든 분들을 모시고 사과여행을 다녀와야겠다고 생각했다. 결국 내 생각에 동참해 준 많은 파트너들과 미국은 아니었지만 동남아로 여행을 다녀올 수 있었다. 그러고는 그해 내가 맡은 비즈니스 분야에서 가장 높은 성과를 이룰 수 있었다. 이 일을 겪으면서 작은 믿음이 생기기 시작했다.

그래 할 수 있어.

어떤 역경이 오더라도 헤쳐 나갈 수 있어.

그렇게 나의 멘탈은 조금씩 성장하고 있었다.

3장 부의 전환을 이루는 **세 번째 비법**

내 안에 있는 지니를 불러라

천재 아닌 사람은 없다. 모든 사람은 천재로 태어나고 그 사람만이 할 수 있는 일이 있다. 그런데 그 천재성을 남들이 덮어 버린다. 내가 뛰고 싶은 방향으로 뛰면 누구나 1등을 할 수 있다.

Best One이 되려고 하지 말고 'Only One'이 되어라

–이어령

어릴 적 나는 무엇 하나 제대로 잘하는 게 없었다. 운동도 못했고, 공부도 마찬가지였다. 그러면서 괜히 부모님을 원망한 적도 가끔 있었다. "나를 왜 이렇게 태어나게 하신 거야." 하고 말이다. 초등학교에 다니던 어느날 "성가대에 들어와 보지 않을래." 하는 교회 집사님의 권유에 처음으로 성가대에 들어가게 되었다. 지휘자 선생님의 "목소리가 너무 예쁘다." 는 칭찬에 신이 나서 성가대 활동에 열중했다. 나도 잘 몰랐던 재능을 처음 발견한 순간이었다.

성가대 친구들에게 잘 보이고 싶은 마음에, 어머니가 운영하는 슈퍼에서 몰래 캬라멜을 챙겨와서 나눠 주기도 했었다. 이후 학교에서도 합창대원으로 활동하게 되었고, 결국 예술고등학교를 거쳐 예술대학교 성악과에 입학하게 되었다.

　지금 생각해 보면 내 안의 작은 가능성이 누군가의 칭찬의 씨앗 덕분에 확장되어 삶의 방향으로 정해졌던 것이다. 누구나 자신 안에 존재하는 '지니'가 분명히 있다. 하지만 누가 불러주지 않으면 지니는 스스로 절대 나오지 않는다. "지니야, 지니야!" 하고 불러 주어야 비로소 지니가 밖으로 나와 "주인님 소원을 말해주세요."라고 말하는 것이다. 내 안에 숨어 있는 무한한 가능성을 찾는 유일한 방법은 내가 무엇을 좋아하고 잘하는지를 파악하고 그것을 지속적으로 불러보고 배워보는 것뿐이다. 지금 이 순간 혹시 "지니를 부르기에 너무 늦지 않았나?" 하는 사람도 있을 것이다. 나도 항상 무언가를 시작할 때 늘 '너무 늦지 않았나?' 하는 소극적이고 부정적 생각을 조건반사적으로 해왔다.

　'누구는 벌써 저렇게 잘하고 있는데, 이제 시작해서 언제 저 사람처럼 한다는 말이지?'

　하지만 미리 걱정할 필요가 없다. 나는 이제 자신에게

이렇게 이야기한다.

이건 실력 차이가 아니야.
이건 시간과 노력 차이일 뿐이야.

세상의 누군가가 지금 무언가를 이루었다면 그건 바로 남들보다 자신의 지니를 먼저 부르고 공부하고 노력한 것뿐이지 나보다 특별한 능력이나 재능이 있어서가 아니다. 이 믿음 때문에 나는 지금 무엇을 시작하더라도 늘 자신감을 가지고 임할 수 있다. 내가 원하는 삶도 마찬가지다. 지금은 비록 아주 작은 점(點)보다 못한 것일 수 있다. 하지만 무수히 점을 찍어보면 결국 그 점이 선(線)을 이루고 나아가 면(面)이 되는 순간은 반드시 온다.

나는 지금 두 번째 스무 살을 보내고 있다. 지금도 무언가를 처음으로 시작하게 되면 잠시 '늦지 않았나?' 하는 생각이 앞선다. 하지만 이내 멘탈의 방향을 잡고 "이건 실력 차이가 아니야. 이건 시간과 노력 차이일 뿐이야." 하고 외친다.

첫 번째로 찍는 아주 작은 점. 이것이 바로 모든 성공의 씨앗이다. 성공하지 못하는 자들은 이 점조차 제대로 찍지 못한다. 처음부터 완성된 선과 면을 꿈꾼다. 작은 점조차 제대로 찍지 못하는 사람이 어찌 선을 완성할 수 있겠는가?

내 안에는 분명 지니가 존재한다. 아니 모든 사람에게 는 지니가 하나씩 다 있다. 나는 지금 나의 지니에게 소원을 말하고 소원이 이루어진 모습을 상상하며 미래를 향해 한 걸음씩 걸어가고 있다.

우주는 나와 연결되어 있다

세상이 내가 원하는 대로 돌아가기를 바랄 때가 있다. 하지만 그럴 일은 거의 없다. 아주 간단한 이유지만 세상의 중심에 내가 없기 때문이다. 세상의 중심에 내가 있게 하는 유일한 방법은 세상을 들어 올리는 나를 변화시키는 것뿐이다. 내 안에는 우주가 들어와 있다. 인간은 태어나서 죽는 순간까지 주어진 재능의 3%도 제대로 쓰지 못한다고 한다. 하나님은 우리에게 엄청난 재능을 주셨다. 그럼에도 불구하고 대다수 인간은 그걸 제대로 사용도 못 하고 죽는다.

우리에게 주어진 재능을 끄집어 내는 세 가지 방법이 있다.

첫 번째는 내가 원하는 것을 계속 생각하는 것이다. 그런데 이 방법을 오용하는 사람들이 의외로 많다. 어떤 걱정거리가 생기면 하루 종일 걱정만 하면서 결국 아무 일도 못 한다. 그 걱정에 또 걱정을 쌓으면서 하루를 보낸다. 결국 그 걱정은 현실이 된다.

예전에 골프 라운딩에서 파트너 한 분이 이런 말씀을 해주셨다.

"골프에는 고수와 하수가 있어요. 하수는 걱정하는 대로 공이 가고, 고수는 상상하는 대로 공이 갑니다."

딱 맞는 비유다. 세상과 환경을 변화시키고 싶다면 하루 중 어떤 생각으로 나의 생각을 채우느냐가 가장 중요하다. 원하는 것이 있다면 간절하게 원하는 그 생각이 결국 나를 변화시키는 촉매가 된다.

두 번째 방법은 시간 관리이다. 나는 오랜 시간 비즈니스를 하다 보니 다양한 사람들을 만나게 된다. 그리고 어떤 일을 제안하거나 프로젝트를 함께 해보자고 이야기하면 꼭 이렇게 말하는 사람이 있다.

"지금 시간이 없어서요. 다음에 하죠."

이런 분에게는 새로운 사업 아이템이 있다 하더라도 먼저 이야기를 꺼내지 않는다. 이유는 한 가지다. 사람은 누구나 하려고 하는 일을 위해서는 어떻게든 방법을 찾지만, 하기 싫은 일은 핑계를 대고 회피한다는 사실을 알기 때문이다.

시간은 신이 우리에게 준 가장 공평한 선물이다. 하루 24시간 1년 365일, 그 시간 안에서 자신의 우선 가치에 따라 시간을 사용한다. 그 시간 활용을 통해 누군가는 빈자로 살아가고 또 누군가는 부자로 살아간다. 당연히 중간도 있다.

시간을 다른 말로 '타이밍'이라고도 하고 '때'라고 표현하기도 한다. 이것은 시간의 중요성을 나타내는 말이다. 어떤 타이밍을 놓치면 그 시간은 되돌릴 수 없다. 사람 관계에서도 마찬가지다. 우리의 재능을 살릴 때도 타이밍이 가장 중요하다. 내가 나를 알아가는 타이밍도 그렇다. 나를 제대로 표현하지 못한다면, 그건 누군가의 잘

못이 아니라 바로 나의 잘못된 시간 관리 때문이다.

지금부터라도 시간을 통제할 줄 알아야 한다. 바로 눈앞에 있는 시간도 중요하지만 조금 더 멀리 바라볼 수 있는 긴 호흡의 시간 관리가 필요하다. 그리고 사람과의 관계에서도 조금 손해보는 일이 있더라도 멀리 바라보고 오늘 나의 시간을 온전히 그 관계에 집중해야 한다.

마지막으로 앞에 말했던 관계의 힘을 활용하는 것이다. 세상에는 수많은 스승이 있다. 나는 어릴 적 선생님이란 존재는 학교에만 있다고 생각했다. 하지만 마흔이 넘은 지금은 세상을 살아가는 모든 사람이 나의 스승이 될 수 있다고 생각한다.

가끔 나는 초등학생인 딸에게도 배우는 것이 많다. 우리 아이들 세대는 도구가 아닌 삶의 일부로 디지털을 받아들인 1세대이다. 모든 것이 디지털 세상과 연결되어 있고, 수많은 디지털 디바이스를 쉽게 익히고 제대로 활용한다. 그래서 디지털 장비를 활용하려다 난관에 부딪치면 아이에게 도움을 받는다. 내가 만나는 모든 사람들은 제각각 내가 경험하지 못한 경험을 했던 분들이 대부분이다. 그런 이야기를 들으면서 앞으로 살아갈 방향을 모색하는 데 도움을 얻고 비즈니스의 아이디어까지도 얻고 있다.

이렇듯 나에게 스승은 '그 누구가 아니라 모든 사람'이다. 우리의 재능을 끄집어내는 마지막이 사람이라고 말한 이유는 여기에 있다. 인간은 태어날 때부터 관계 속에서 시작한다. 부모와의 관계, 그리고 가족이라는 관계, 친구라는 관계, 모든 것이 관계로 시작해서 관계로 마무리되는 것이 인간사다. 그 말인 즉, 신은 관계를 통해 우리 안에 있는 많은 것들을 표현하면서 그것을 알아갈 수 있게 피조물을 만들었다는 것이다.

그렇다면 어떻게 관계를 통해 재능을 끄집어낼 수 있을까? 일단 관계의 특성을 정확하게 이해해야 한다. 상대와의 관계에서 나를 끄집어내기 위해서는 먼저 상대의 말을 경청할 줄 알아야 한다. 이것은 또 무슨 말일까? 분명 나를 표현해야 한다고 하지 않았나? 하지만 나를 표현하기 전에 상대 안에 있는 나를 발견하기 위해서는 그들의 말을 경청해야 한다. 우리의 뇌는 말할 때보다 들을 때에 훨씬 많은 일을 한다. 그것이 바로 '생각의 힘'이다. 그리고 경청하는 동안 내 안에 있는 뇌세포는 '무엇을 표현할까?'를 또 생각하게 된다. 그런 이유로 평소에 생각하지 못한 재능이 표현된다는 뜻이다.

관계에서 내 재능을 뽑아내는 두 번째 방법은 상대를 배려하는 방법이다. 내가 만나는 사람들에게 나는 어떤 도움을 줄 수 있을까를 생각하자. 그것이 바로 핵심이다. 누구든지 나를 도와주는 사람에게는 호감을 가질 수밖에 없다. 그 말은 상대가 나에게 관심을 쏟는다는 의미다. 그렇게 상대에게 도움을 주려는 노력이 쌓이기 시작하면, 그들 또한 나를 위해 나의 재능을 발견하고 인정해주고 세워주는 시간이 많아진다. 그러다 보면 내 안에서 내가 알지 못하는 재능을 발견하고 개발할 수도 있다. 이렇듯 자신의 안에 있는 엄청난 재능을 하나씩 끄집어내어 우주와 연결하기 바란다.

멈추지 않는 한 실패는 없어요

나는 계획하기를 좋아한다. 그리고 그것을 이루기 위한 또 다른 계획을 짠다. 그래야만 내가 움직이게 된다는 것을 알기 때문이다. 계획하는 것이 처음부터 막히거나 도전할 엄두를 내기 힘들다면 실행도 하기 전에 포기하게 된다. 목표를 세우는 습관은 어떤 일에서는 제일 중요하다. 목표가 없다는 것은 삶의 계획과 방향이 없다는 말이기도 하다. 그렇다면 이 목표를 이루기 위한 방법과 과정이 분명 있을 것이다. 또 목표를 이루는 과정에서 목표의 크기만큼의 실패 또한 감수해야 한다. 실패의 과정 또한 목표를 이루어 가는 마중물이기 때문이다. 사실 어떠한 일도 내가 멈추지 않는 한 실패한 것은 아니다. 놓지 않는 그 순간까지 계속해서 가고 있는 과정일 뿐이니까.

오늘도 우리는 목표의 과정을 지나고 있다.

실패는 성공으로 가는 계단일 뿐이야

구불구불한 언덕과 휘청이는 강 사이에 작은 마을이 자리하고 있었다. 그곳에는 토마스라는 어린아이가 살고 있다. 특이한 눈동자에 놀람이 가득한 눈빛을 가진 그는 날마다 숲속을 다니며 나뭇가지, 자갈 등을 비롯한 잊혀진 보물을 모았다. 토마스는 호기심이 많아 무언가를 만드는 일에 관심이 많았다.

그는 어느 저녁, 해가 지평선 아래로 가라앉는 동안 집 발코니에 앉아 하늘을 바라보았다. 별들은 작은 등불처럼 반짝였고 따스하게 비추고 있었다. 그것을 보다가 그는 반짝이는 아이디어를 얻었다. 그 빛을 포획하고 세상을 비추고 싶다는 생각을 했다.

그때부터 토마스는 실험을 시작했다. 분말과 물약을 섞어보기도 하고, 철사를 비틀어 보고, 특이한 재료들을 함께 혼합해 보았다. 하지만 별과 같은 빛을 만들기 위한 시도는 계속해서 깜박이기만 하고 실패하게 되었다.

그날도 계속 실험을 했지만 실패하고 또 실패했다. 오랫동안 동네에서 공구점을 하고 있던 터너가 그를 방문했다. 그는 끈질기게 실험을 하고 있는 토마스를 보며 말했다.

"실패는 성공으로 가는 계단일 뿐이야. 각각의 실패들이 꿈에 한 발짝 더 가까워지게 해주는 거야."

토마스는 그 말을 마음에 품었다. 그후로도 실험을 멈추지 않았다. 실패가 또 실패를 낳았지만, 각각의 걸음에서 새로운 것을 배울 수 있었다.

그렇게 수천 번의 시행착오 끝에, 마치 마법 같은 일이 벌어졌다. 토마스의 작품이 깜박이며 꺼졌다가, 다시 분출하며 빛으로 번졌다. 별과 같이 밝지는 않았지만 그래도 작은 시작으로는 충분했다. 그 빛은 시간이 지날수록 강해지고, 결국 그 빛은 달보다 더 밝은 빛으로 세상을 밝히게 되었다.

이 동화같은 이야기의 주인공은 특허수가 1,000종을 넘을 정도로 많은 발명을 하였고, 백열전구를 만들어 대중화시킨 토머스 에디슨이다. 그의 연구와 실험은 이후 열전자 현상과 진공관에 응용되어 전자공업 발달의 바탕이 되었다.

4장 부의 전환을 이루는 **네 번째 비법**

가까운 사람을 내 편으로 만들어라

'삼고초려(三顧草廬)'

큰 뜻을 이루려면 한 사람 한 사람을 귀하게

여기고 자신을 낮춰라.

　　　　　　　　　　　　　-삼국지

한국 남자에게 20대 후반의 나이는 무얼 의미할까? 처음으로 사회에 진출해서 일을 시작하고 가장 열정의 온도가 높을 때이다. 지금은 재택근무라는 게 보편적이지만 얼마 전만 해도 그런 말조차 찾아보기가 어려운 시절이 있었다.

그 무렵 나의 친구들은 대부분 일을 시작한 지 얼마 되지 않아 다들 바쁜 일상을 보냈다. 나도 마찬가지로 첫 사업을 시작하고 하루에 4시간 정도밖에 잠을 자지 못했다. 결혼한 지 8개월 무렵부터 아침 7시 출근해서 가게 셔터문을 열어 저녁 7시까지 일을 하고, 사우나에서 잠시 씻은 후 다시 온라인 사업팀으로 출근해야만 했다. 이렇게 1년 6개월 가량을 보냈었다.

나는 원래 음악과 공연무대 일을 20대 후반까지 했었다. 하지만 아버지께서 병환을 앓게 되자 가업을 물려받게 되었다. 그 사업이 하향사업으로 느껴져 온라인 사업으로 변신해야겠다는 생각이 들었다. 지금은 완전한 디지털 세상이지만 당시는 아날로그와 디지털 사이 어디쯤에 걸쳐진 세상이었다. 근데 나란 사람은 온라인과는 거리가 멀었고, 그래서 도대체 어떻게 해야 할지를 몰랐다. 주변을 둘러보았다. 혹시 나보다 먼저 이 일을 하고 있는 사람이 없을까? 마치 하이에나가 먹잇감을 찾듯 적격자를 물색하던 중 친구로부터 혜린이라는 친구를 소개받게 되었다. 그 친구는 어떤 회사의 속옷 제품을 촬영해서 온라인 오픈마켓을 통해 판매하고 있었다. 그 친구를 만나러 갔다. 그리고 그에게 난 이렇게 이야기했다.

"난 이제 막 이런 사업을 시작했어. 근데 아는 게 하나도 없어. 도와줘!"

나중에 들은 이야기지만 만약 그때 내가 조금이라도 아는 척을 했다면 그 친구는 나와 함께 하지 않았을 거라고 했다. 그리고 이 친구를 소개해 준 광성이라고 하는 친구는 당시 경영대학을 졸업하고 취업을 준비하고 있었다. 나는 음악대학을 졸업했기에 경영이란 것은 1도 모르던 처지였다. 그래서 똑같이 이 친구에게도 이렇게 부탁했다.

"광성아 도와줘! 나 정말 잘하고 싶어. 네가 도와주면 우리 잘할 수 있을 거 같아. 도와줘!"

일이 시작되고 제품 이미지를 만들 일이 많아지게 되자 디자인을 담당할 친구가 필요했다. 광성이의 교회 동생을 우연히 만났는데, 예고 시절 선교중창단 후배인 성용이란 친구였다. 이 친구는 예고 시절 서양미술을 전공했다. 이런저런 이야기를 하다가 우리에게 꼭 필요한 친구라는 생각을 하고 이렇게 말을 꺼냈다.

"성용아, 지금 우리가 하고 있는 일 알지? 근데 이 일 네가 도와주면 좋겠어."

하지만 이 친구는 붓으로 그림을 그려본 적은 있지만 포토샵이란 프로그램은 다루어 본 적이 단 한 번도 없다면서 거절 아닌 거절을 했다. 그때 난 이 친구에게 이렇게 이야기했다.

"나도 처음 혜린이를 만나기 전에는 아무것도 몰랐어. 근데 혜린이가 알려주고, 또 배워가면서 하니까 6개월

만에 필요한 정도는 할 수 있게 되었어. 너는 능력자니까 조금만 배우면 우리 중에 최고가 될 거야. 아니, 그냥 좀 도와주면 안 되겠니. 부탁해.”

그때부터 성용이란 친구의 마음도 조금씩 열리기 시작했다. 결국 이 친구도 우리와 함께하게 되었다.

무언가를 시작하면 항상 두 가지 마음이 따라붙는다. 설레임과 두려움이 바로 그것이다. 나는 이 두 가지 마음이 들 때마다 ‘선택이 앞으로의 나를 만든다’라고 생각한다. 설레임은 나를 발전하고 성장시키겠지만, 두려움은 나의 앞길을 가로막고 나를 바닥으로 안내할 것이다. 그러기에 나는 두려움이 아니라 설레임을 선택하려고 노력한다.

지금의 내 모습은 아직 완전하지 못하다. 아니 죽는 순간까지도 완전하지 못할 것이다. 계속적으로 선택해야 하는 순간을 맞이할 것이라는 말이기도 하다. 나는 내성적인데다가 우유부단함까지도 갖추고 있다. 그러기에 항상 주변에 있는 사람들에게 도움을 요청하게 된다. 그럴 때면 어릴 적 아버지의 모습이 생각난다. 아버지께서는 이런 말을 자주 하셨다.

"잘 모르겠는데요. 도와주시겠어요?"

그래서 나도 모르게 나도 이런 말을 자주 쓰는지 모르겠다. 분명 아버지는 잘아는 것인데도 불구하고 한 번 더 물어보시고 도와달라는 말을 입에 달고 다니셨다. 지금 생각해 보면 아버지가 몰라서라기보다 주변 친구들이 나를 도와주는 사람임을 인식하게 함으로 스스로를 세우기 위함이 아니었을까? 바로 그거다. 우린 완전하지 못한 존재로 태어났다. 아마 그것은 하나님이 우리에게 함께하는 친구를 보내주셔서 그들과 함께 공동체를 이루며 이 사회에서 서로 돕고 살아가게 하심이 아닐까?

관계에도 거리가 중요하다

사람과 관계하다 보면 별별 일이 발생한다. 때론 섭섭하기도 하고 상처받기도 하고 무시당하는 듯한 감정이 일어나기도 한다. 대부분의 이유는 상대와의 관계 거리 때문이다. 나는 어릴 적 아버지에게 의구심이 든 적이 있었다.

아버지는 왜 친구가 없을까? 다른 아버지처럼 친구도 만나고 술도 마시고 놀러도 가고 하시면 좋을 거 같은데 말이다. 항상 새벽이면 교회에 가시고, 아침에 운동을 다녀오신 후에는 가게에 문을 열고, 그리고 퇴근하면 또 운동 가셨다가 집으로 들어오신다. 그렇게 월화수목금토를 보내시고, 일요일이면 아침부터 저녁 늦은 시간까지 교회에 계시다가 집에 오시면 항상 가족과 시간을 보내신다. 그런 모습은 어찌 보면 분명 좋은 가장이고 좋은 아버지의 모습이다. 하지만 내가 고등학교를 졸업할 무렵에는 '참 힘들고 재미없게 사신다'라는 생각마저 하게 되었다.

인간관계에서 아버지는 나이가 많든 어리든 모든 사람에게 말을 놓는 법이 없었다. 너무 철저하다 싶을 만큼 외줄을 타며 아슬아슬하게 살아가시는 것처럼 답답해 보였다. 그렇게 사시다 보니 주변에서는 아버지를 두고 늘 "이분은 법 없이도 사실 분이야."라고 이야기한다. 하지만 그 이상 가까이 아버지를 대하시는 분이 없었던 것 같다. 사회에서의 인간관계뿐 아니라 어머니한테도 다르지 않았다. 과연 이게 좋은 인간관계의 거리일까? 난 꼭 그렇지는 않다고 생각한다. 아버지의 관계거리는 조금 멀게 느껴져 더이상 가까이 가기도 부담스러울 수 있다.

하지만 반대로 너무 가까운 거리를 세팅하는 사람도 힘들 때가 있다. 처음 만나는 사람인데도 바로 '형님' 하거나, 식당가면 모든 일하시는 직원 여자분에게 '이모'라고 하고, 여자분들의 경우 웃기게 모든 직원에게 '언니'라는 호칭을 쓰면서 처음부터 관계를 너무 가까이 맺는 사람이 있다. 처음에는 '이 사람 참 사회성이 좋고 빨리 친해질 수 있어 좋다'고 느꼈다. 하지만 시간이 지나고 관계가 더 가까워지다 보면 '섭섭하다' '날 왜 무시해' '나 상처 받았어' 등 예상치 못한 섭섭한 감정이 일어나기도 한다. 이렇듯 인간관계는 어렵다. 과연 어떤 인간관계가 적당한가?

오랜 인간관계를 위한 좋은 거리두기 3단계가 있다.

첫 번째는 두고 걸어가라. 자식이 태어나면 대부분 너무 예뻐서 금지옥엽인 양 보듬는다. 그리고 아기는 모든 의사소통을 울음으로 하기 때문에 24시간 엄마가 붙어서 함께 생활한다. 그렇게 지내다가 초등학교 고학년만 되어도 부모의 관심이 간섭으로 느껴지기 시작한다. 부모는 그것이 섭섭해지기 시작한다. '내가 얘를 어떻게 키웠는데' 그때가 바로 두고 걸어갈 때인 것이다. 이제 아이는 비로소 스스로 독립하기 위한 준비를 하고 있는 것이다. 이렇듯 모든 관계는 때론 두고 지켜보듯이 때론 조금 무심하게 지켜보고 있을 수 있는 정도의 거리를 두어야 상대와 나를 위해 오랜 관계를 지속할 수 있다.

두 번째는 위치를 선점하라. 처음 연애를 시작하면 365일 24시간 딱 붙어있고 싶다. 이렇게 몇 개월만 지나면 한 사람은 이런 생활이 부담스럽게 느껴지기 시작하고 순간순간 힘든 시간을 보낸다. 그러다 보면 상대적으로 섭섭함을 느끼게 되고, 나를 무시하는 것 같은 감정이 일어난다. 결국 싸우는 횟수도 늘고 급기야는 헤어짐을 생각하게 된다. 처음부터 거리를 너무 가깝게 시작하다 보니 그 거리를 서서히 넓히는 훈련이 잘 안 되어 있기 때문이다.

이 글을 읽는 분들이라면 이런 생각을 할 수도 있을 것이다. '연애할 때 어떻게 이런 관계의 거리를 생각하

고 만날 수 있느냐? 그게 어떻게 사랑이냐?' 하지만 사
랑하는 관계를 오랜시간 유지하기 위해서는 서로의 거
리를 유지하는 것만큼 도움이 되는 것도 없다.

　마지막으로 '인연법'을 받아들여라. 인생이란 만남과
헤어짐의 반복이다. 우리는 결코 절대적인 존재가 될 수
없다. 분명 만남이 있으면 헤어짐은 당연한 것. 나는 아
버지가 돌아가시고 벌써 몇 년이 지났음에도 불구하고
지금이라도 찾아가면 뵐 수 있을 거 같다는 생각이 든다.
'왜 이리 일찍 내 곁을 떠나셨을까? 왜 살아계실 때 잘하
지 못했을까?' 이런 회한이 들 때도 있다. 인연법을 받아
들이라는 말 안에는 '언제나 헤어질 때가 있기에 만남이
라는 자체도 헤어짐에 포함되어 있음을 받아들여라.'라
는 뜻이 담겨 있다. 그 마음 안에 서로의 대한 배려와 사
랑과 관심을 표현하고 헤어지는 순간에는 또다른 만남
을 위한 준비를 시작하면 된다. 이렇듯 인간관계도 배움
과 경험을 통해 우리가 성장하는 밑거름이 된다.

5장 부의 전환을 이루는 **다섯 번째 비법**

부자가 되려면 관계를 정리해라

모두에게 친절하되, 소수와 가까워지고 그

소수를 신뢰하기 전에 먼저 잘 시험해 보라.

진정한 우정이란 천천히 자라는 식물 같아서

이름이 지어지기 전에 역경을 겪고, 그것을

이겨내야만 한다.

-조지 워싱턴

　나는 또래보다 일찍 군대에 지원했다. 대학에 들어가자마자 군대에 지원했기에 자대배치를 받고 얼마 뒤 후임이 들어왔는데 나보다 나이 어린 후임은 한 명도 없었던 것 같다. 나보다 일찍 군대에 온 선임보다 내 전역 날짜가 빠른 경우도 있었다. 우리 부대는 국방부 소속이라서 육군, 해군, 공군, 해병대까지 모두 한 내무실을 사용했다. 처음에는 '이게 뭐지?'란 생각이 들었다.

　군 생활 중 일병쯤 되었을 때 해병대 출신 후임이 들어왔다. 당시 선임 중에 해병대 출신은 한 명도 없었기에 후임이 처음으로 들어 왔을 때 정말 의아했다. 후임이 내무실에 들어왔을 때 무언가 다른 기운도 나는 것 같고, 왠지 '해병대는 일반병사와 다르다'라고 생각했던 것 같았다. 들어오자마자 각(자세)을 잡고 앉아 있는 모습도 달랐다. 그 후임은 백령도에서 우리 부대로 전출왔다고 한다. 편하게 이야기하라고 해도 군기가 바짝 들어있었다. 그렇게 몇 개월 동안 정말 '해병대는 다르구나'라는 생각을 하게 되었다. 또 몇 달이 지났다. 그러자 결국 해병대든 육군이든 다 똑같다는 생각을 하게 되었다. 처음에는 해병대원들과 훈련하고 생활할 때의 습관이 남아있어 무언가 달라 보였지만, 이곳에서 생활하면서 우리와 보내는 시간이 많아질수록 훈련 없는 부대의 특성상 몸이 편해지고 생활환경이 달라지면서 서로 닮아가기 시작한 것이다. 사람은 결국 환경에 따라 카멜레온처럼 변화하는 존재라는 사실을 알게 되었다.

'부자는 왜 부자가 되었을까?'

그 생각을 수도 없이 많이 했다. 부모를 잘 만났겠지, 무언가 특별한 재능이 있었겠지.

실제로 평범한 사람이 특별한 부모님은커녕 특별한 재능조차 없었음에도 불구하고 부자가 된 사례는 결코 적지 않다. 그중에는 누군가와의 우연한 만남을 통해 기

회를 얻은 경우도 있다. 자주 만나는 사람들로 인해 자신
도 모르게 그들의 생각과 말, 행동을 따라 하다 보니, 결
국 성공의 길에 들어갈 수도 있다.

　성공철학의 거장 나폴레옹 힐은 잡지사 기자로 활동
하던 중 당대 최고의 부자 강철왕 앤드류 카네기를 인터
뷰하게 되었다. 그 이후 그의 인생은 그전과 완전히 달라
진다. 카네기게 제시한 첫 번째 미션은 이랬다. 507명의
성공한 사람들 명단을 줄테니 그들의 성공 이유를 인터
뷰하라 것이었다. 시간이 얼마나 걸리든지 말이다. 그때
힐은 단 29초만에 "네 해보겠습니다."라고 대답하고 이
후 20년 동안 성공한 사람들과 만나 인터뷰하고 그들의
성공 이유를 들으며 많은 사람들에게 지금까지 성공비
법을 전하고 있다.

　만약 부자가 되고 싶다면 첫 번째는 성공하지 못한 사
람들의 생각과 행동을 따라하지 않아야 한다. 하지만 그
것 또한 쉽지 않다. 그렇다면 지금부터 한 가지만 따라
서 해보자. 내 주변에 성공한 사람이라 생각하는 사람들

이 있다면 지금 당장 연락해서 그들과 약속을 잡고, 그들에게 차나 식사를 대접하자. 그리고 그들과 보내는 시간을 점차 늘려가기 바란다. 그렇게 시간을 보내다 보면 분명 자신이 그전과 다른 모습으로 변해가는 것을 느끼게 될 것이다.

성공은 절대 순간적으로 일어나지 않는다. 나도 모르게 생각하고 행동하는 습관이 결국은 성공을 만들어 내는 밑거름이 된다.

6장 부의 전환을 이루는 **여섯 번째 비법**

시간의 창조자로 살아가기

변명 중에서도 가장 어리석고 못난 변명은

'시간이 없어서'라는 변명이다.

-토마스 에디슨

나는 힘들고 어려울 때마다 새벽을 깨우는 습관이 있다. 새벽이야말로 누구의 간섭을 받지 않는 오로지 나를 위한 나만의 시간이다. 다른 가족들은 일어나라고 해도 일어나지 못하는 시간이기도 하다. 매번 하는 일은 다르지만 교회에 가서 새벽기도도 드릴 때도 있다. 요즘은 강의를 듣고 성경책을 읽고 기도하는 시간을 가지고 있다.

누구에게나 시간은 동일하게 주어진다. 하루는 24시간 1년은 365일, 이런 시간 속에서 내가 할 수 있는 모든 것이 가능하다. 사람을 만날 때마다 이런 말을 하는 사람이 있다.

"시간이 없어서. 다음에."

난 개인적으로 이런 사람들과는 일을 잘 하지 않는 편

이다. 물론 진짜로 시간이 없을 수도 있다. 하지만 시간이란 결국 내가 만드는 것이고 창조하는 것이다. 시간을 창조하지 못하면 언제나 시간에 쫓겨 살아갈 수밖에 없다. 그러다 보면 나도 모르게 조바심이 나고 예민해지게 되며, 결국은 무언가 중요한 일을 결정하고 해야 할 때 '시간이 없어서'라는 말을 무의식적으로 하게 된다.

나는 와이프와 10년 가까이 연애를 했고, 결혼 후 지금까지 17년째 살고 있다. 연애 시간이 비록 길었지만 어린 나이에 만났기에 군대 시절 그리고 제대 후 지방 생활 등으로 인해 많은 시간을 떨어져 지낼 수밖에 없었다. 그렇게 9년 이상을 보내다가 어느 날 함께 영화를 보고 집으로 와이프를 바래다 주면서 이런 이야기를 했다.

"아라야, 이제 그만 바래다 주면 안 될까?"

시간이 지나고 나서도 멋진 프로포즈 멘트를 했다는 생각이 든다. 하지만 지금 생각해 보면 너무 미안하기도 하다. 남들은 차 트렁크에 풍선도 가득 싣고, 100송이 장미꽃과 반지에 음악까지, 정말 많은 것을 준비해서 프로포즈를 한다는데 고작 말로 때운 것만 같아 정말 미안

하다.

결혼 전 와이프는 많은 일을 했다. 능력있는 여자였다. 학교도 다녔고 아이들 레슨도 했다. 심지어 주말에는 어머니께서 운영하시는 웨딩숍 부원장 일도 맡아서 했다. 나도 사업을 하고 있었기에 주중에는 항상 바쁜 일정 때문에 잘 만나지 못했다. 그래서 주말만은 오로지 나를 위한 시간으로 쓰기 위해 항상 비워 두거나 사랑하는 사람을 위해 둘만의 시간을 갖고 싶어했다. 그런데 당시 여자친구는 너무 바쁜 일상을 보내다 보니 나랑 함께 보낼 시간조차 없었던 것이다. 그때 깨달았다. 누구에게나 똑같이 주어진 시간이지만 무엇을 하며 보낼지에 따라 그 결과는 달라질 수 있다는 것을.

이런 간절한 생각이 결국 늦은 나이에, 결혼한 후에도, 아이가 있음에도 유학을 떠날 결심을 하게된 계기가 되었다. 내 인생에서 선택은 나만 할 수 있다. 하지만 이런 환경을 만들어 놓지 않고 시간만 보내면 결국 환경의 선택에 나를 맡기게 될 수밖에 없다. 지금이라도 인생을 내가 살고 싶은 방향으로 살고자 하는 사람들이 있다면 시간의 창조자가 되는 것부터 시작해야 한다.

난 지금 새벽 4시 30분에 이 글을 쓰고 있다.

나에게 자기계발은 선물이다

새해가 되면 많은 사람들이 다이어트, 금연, 자기계발 등을 하겠다면서 책도 읽고 강의도 듣고 경험을 쌓기도 한다. 결론부터 이야기하면 대부분 중도에 포기한다. 그 이유가 뭘까? 고민하지 않아도 답은 뻔하다. 오로지 나만을 위한 삶을 살아보지 못했기 때문이다.

누구의 엄마, 아빠, 남편, 아내, 아들, 딸 등, 나를 지칭하는 누구라는 사람. 그러다가 어느 날 '나는 누구인가'라고 자문하는 순간, 슬그머니 '나를 위해 살아볼까?' 하다가 또 다시금 나열한 누구의 삶으로 되돌아간다. 이것이야말로 지금까지 수없이 반복한 자기계발의 말로였을 것이다. 진정한 자기계발은 나를 나답게 살아가기 위한 선물이어야 한다.

살아가는 이유는 각자 다를 수 있다. 하지만 소중하지 않은 삶은 없다. 환경과 상황이 나를 만든 것뿐이다. 하나님은 한 사람 한 사람 각자의 인격체로 살아가게 하셨다. 이 글을 읽는 독자분이시라면 지금부터라도 자신에게 선물을 주고 멈추지 말기를 바란다.

돈이 나를 불편하게 만드는 이유는 부족해서다. 지금은 어떤 세상인가? 사람의 가치가 돈이란 것으로 평가받는 세상이다. 그러면 이처럼 부족한 돈, 이놈의 돈 때문에 불편한 선택을 더이상 하지 않고 싶다면, 지금부터라도 나를 위한 나만을 위한 시간을 통해 나의 가치를 올려야 한다. 그리고 멈추지 말아야 한다. 누구를 위해서도 아닌 오직 나를 위해서다. 그것이 쌓이면 결국 나의 가치는 올라가게 되고, 돈도 그만큼 따라오게 된다. 시작이 잘못되면 끝도 잘못될 수 있다.

'시작이 반이다'라는 속담은 시작이 중요하다는 의미겠지만 그것보다 더 중요한 건 시작의 주어 바로 '나' '오직 나'가 더 중요하다. 무엇을 시작하든 나를 계발하는 것은 나에게 주는 선물이고 나를 들어 올리는 것이다. 더 이상 내가 원하지 않는 선택을 하지 않도록 스스로를 격려하고 돕는 것이다.

자기계발을 하기로 마음먹었다면 다음 세 가지를 명

심해야 한다.

첫째, 자신을 꾸준히 지켜본다. 나를 지켜본다는 것은 아이가 태어나서 아무것도 하지 못하는 상태에서 엄마가 지켜보면서 배가 고픈지 아니면 뭐가 불편한지를 보듯이 지켜보는 것을 의미한다. 지금까지 이렇게 자신을 지켜본 적이 거의 없었을 것이다. 하지만 그것이 자신의 행동을 지속하게 만들 것이다.

두 번째, 자신에게 물어보고 채워준다. 뭐가 필요한지, 잘하고 있는지 등 누구도 아닌 바로 자신에게 물어보고 필요한 게 있다면 채워주어라.

마지막으로 끊임없이 자신을 칭찬한다. 사람에게는 '인정욕구'라는 것이 있다. '항상 인정을 받을 수 있나?' 물론 그렇지 못하다. 하지만 나는 언제나 나를 인정해 줄 수 있다.

도산 안창호 선생님께서 나라를 뺏기고 독립운동을 할 때에도 이런 말씀을 하셨다. 애기애타(愛己愛他). '진심으로 자기를 아끼고 사랑할 줄 아는 사람만이 비로소 남을 사랑하고 이롭게 할 수 있다'라는 의미이다. 그만큼 나를 사랑하는 방법도 모르고 시간도 가져본 적 없는 나에게 자기계발은 자신에게 주는 가장 귀한 선물이다. 오늘도 나에게 주어진 시간 중에 반드시 자기계발의 시간을 최우선으로 넣기 바란다.

오직 나를 위한 선물 그것은 바로 '자기계발'

7장 부의 전환을 이루는 **일곱 번째 비법**

돈을 가까이 하라

사람의 일생은 돈과 시간을 쓰는 방법에 의

하여 결정된다. 이 두 가지 사용법을 잘못하

여서는 결코 성공할 수 없다.

−다케우치 히토시

나는 초등학교 시절 전학을 자주 다녔다. 이유는 잘 몰랐지만 그게 너무 싫었다. 나는 정말 내성적인 성격이라서 친구를 사귀는 데에도 시간이 많이 걸리는 편이다. 어떤 때는 한 학기만 다니고 전학을 할 때도 있었다. 그때는 정말 학교가는 것이 두려워서 운동장 앞까지 갔다가 집으로 되돌아온 적도 있었다.

당시는 학생들이 너무 많아서 오전반, 오후반이 있던 때이다. 아마 나의 이후 세대라면 "무슨 학교에 오전반, 오후반이 있어? 학원도 아니고."라고 반문할 수도 있을 것이다. 하지만 분명 나와 같은 시기를 살아보신 분들이라면 기억 속 추억 한 자락을 들추어낼 수 있을 것이다.

전학하고 얼마 되지 않아 적응을 잘 못 할 때였다. 나는 오후반이라 조금 늦게 등교하는데, 오전반 친구들이 나오는 것을 보고 그냥 따라서 집으로 돌아온 기억이 난다.

지금 생각해 보니 전학을 자주 간 이유는 부모님 사업이 무척 잘 되었기 때문이다. 부모님은 정말 열심히 살아오신 분들이시다. 내가 어릴 적 친구들의 부모님들을 보면 보통 두 부류였다. 아버지는 출근하시고 어머니는 집에서 살림을 하시거나 아니면 두 분 다 맞벌이를 하시거나. 나의 부모님은 맞벌이를 하셨다. 그래서 항상 집에 오면 부모님은 안 계셨고, 형이랑 시간을 많이 보냈다.

초등학교 시절 마지막으로 이사를 한 것이 아마 4학년 때였을 거다. 어느 날 어머니께서 또 전학을 가야 한다고 하시면서 "이번에 이사 갈 집은 조금 좁을 수도 있어."라고 말씀하셨다. '지금까지는 점점 집이 넓어졌는데, 왜 이번에는 집은 좁다는 거지?' 이사를 가서야 정말 좁다는 것을 알게 되었다. 주방도 옷장도 모든 것이 방 하나에 있었다. 용변을 볼 때도 밖으로 나가야만 했다. 그때는 부모님이 조금 원망스러웠다. 내방이 있는 2층짜리 주택에서 어느 순간 시장 한 복판에 있는 1층은 가게이고, 2층 단칸방에서 우리 식구 모두 나란히 자야만 하는 그런 곳으로 가게 되었다.

당시에는 우리가 왜 이런 좁은 곳으로 이사를 와야 하는지 알 수 없었다. 지금 그 집은 요즘으로 말하면 핫플레이스, 서울 명동같은 곳이었다. 부모님이 처음으로 직장을 그만두고 가게를 시작한 곳이기도 하다. 그래서 어쩔 수 없이 모든 것을 그곳에 바쳤다. 중학교, 고등학교 때까지 다행히 우리 집이 돈이 없어 힘들었던 적은 없었던 것 같다.

내가 예술고등학교를 다닐 무렵 IMF 외환위기가 터졌다. 당시 같은 반 친구들 중에는 학교를 그만두는 친구도 있었다. 다행히 우리 부모님이 하시는 사업은 IMF 시절 호황을 맞았고, 형과 내가 학교를 그만두어야 하는 일은 벌어지지 않았다. 하지만 정말 많은 사업체가 문을 닫고, 엄청난 채무로 인해 스스로 목숨을 끊는 사람들의 소식이 뉴스에 보도되기도 했다. 그만큼 돈이란 것이 인생에서 전부는 아니지만 분명 중요한 부분이란 걸 어린 나이임에도 어렴풋이 깨닫게 되었다.

식탁에 앉아봐

어느날 아버지가 형과 나를 식탁에 앉아 보라고 말씀하셨다. 그리고 우리에게 질문을 하셨다.

"이 집이 얼마인지 아니?"

당연히 형과 나는 알지 못했다.

"이 아파트 시세가 5억 정도 된단다"

그리고 다시 물으셨다.

"이 집을 사려면 어떻게 해야겠어?"

형이 대답했다.

"열심히 일해서 돈을 벌어야죠."

"열심히만 벌어서는 이 집을 살 수 없단다"

"그럼 어떻게 하면 집을 살 수 있나요?"

"만약 너희가 직장에 들어가서 월급 200만 원을 받는다고 하자. 그리고 그 돈을 1년 동안 한 푼도 쓰지 않고 모으면 2천 400만 원 그리고 10년을 모으면 2억 4천만 원 그리고 20년을 모으면 4억 8천만 원이 된다. 그래도 이 집을 살 수 없단다. 아마도 20년이 지나면 이 집은

10억이 넘을 수도 있기 때문이야."

그 말은 현실이 되었다. 30년이 지난 지금 그 집의 시세는 15억 이상이다. 그 말을 듣고 형이 말했다.

"그럼 우린 평생 집을 못 살 거 같아요."

아버지가 다시 말씀을 이어가셨다.

"그래서 아빠는 너희에게 집을 살 수 있는 방법을 알려주려고 한단다. 아빠는 20년 넘게 직장이란 곳에서 열심히 일했지만 집 한 채 장만 하기 어려웠단다. 그것도 집값의 반 이상을 은행에 많은 이자를 주며 돈을 빌려서 살 수 있었지. 그런데 20년 이상을 일한 회사에서 명예퇴직 권고를 받았지. 처음에는 너무 힘들었지만, 엄마랑 의논해서 사업을 하기로 결정을 했지. 그리고 사업을 시작한 지 2년 만에 이 아파트를 살 수 있었단다. 만약 아빠가 아직까지 직장에서 근무를 하고 있었다면 너희들 키우면서 빚을 갚으며 그냥 그럭저럭 살고 있었을 거야. 아빠가 지금 너희들에게 이야기하고 싶은 말은 앞으로 너희가 학교에서 열심히 공부를 하고 대학을 졸업한 후에 정말 너희들이 하고 싶은 일을 했으면 좋겠어.

그리고 그 일이 직장보다는 너희가 주도적으로 할 수 있는 일을 하면 좋겠어. 분명 직장에서 월급을 받는 것보다 사업을 하면 더 힘든 순간이 많을 거야. 그리고 견디지 못할 정도의 어려움을 겪을 수도 있을 거야. 하지만 분명한 건 그것을 이겨내는 순간 너희가 정말 원하는 모든 것을 갖게 될 거야. 그게 집이 될 수도 있고 차가 될 수도 있고, 여행을 갈 수도 있고, 너희가 결혼을 해서 가족이 생긴다면 가족에게 필요한 모든 것이 될 수도 있어. 또 너희가 누군가를 돕고 싶으면 도울 수도 있단다. 아빠는 누구도 알려주지 않아서 20년을 경험하고 나서야 이것을 알게 되었단다."

8장 부의 전환을 이루는 **여덟 번째 비법**

스마트폰을 내려 놓아라

과거의 직업이 근육과 관계가 있었다면,

현재의 직업은 두뇌와 관계가 있다.

미래의 직업은 심장과 관계가 있을 것

이다.

—미노체 샤피크

스마트폰이 나를 잡아먹고 있다

난 어릴 적 삐삐라는 것을 사용했다. 아마 이 글을 읽으시는 분 중에는 '그게 뭐야'라고 궁금해 하는 분들도 있을 테지만 아는 분들은 고개를 끄덕이며 "그런 시절이 있었지."라고 하실 것이다. 모르시는 분들은 대다수 밀레니얼 세대 이후의 분들이실 테니 잠시 소개하면 이렇다.

누군가 공중전화나 집 전화를 통해 나의 번호(보통 012 또는 015로 시작하는 10자리 번호였다)를 눌러 자신이 있는 곳의 유선 전화번호를 남길 수도 있고, 목소리로 음성메시지를 남길 수도 있다. 그리고 한 가지 더 음성이 아닌 숫자로 메시지를 전달할 수도 있다. 예를 들면 486은 '사랑해', 012 '영원히', 만약 '1004 012 486486'를 남기면 그건 '천사 영원히 사랑해사랑해' 라는 뜻이다. 지금 생각하면 너무 웃기는 물건이다. 그때는 그 상품이 지금의 메타버스(Metaverse)처럼 혁신적인 것이었다.

삐삐 이후에는 곧 휴대폰 시대가 도래했다. 이동하면서 누군가와 통화를 하는 시대가 되었다. 이후 스티브 잡스가 스마트폰 시대를 연다. 스마트폰은 세상을 하나로 묶어주었다. 지금 우리 일상에 많은 변화를 가져왔을 뿐 아니라 대부분 사람들의 삶 속 깊숙히 들어와 이제는 스마트폰을 전제하지 않고는 우리의 일상을 말할 수 없게 됐다. 스마트폰의 편리함은 두 말할 필요가 없다. 이 스마트폰을 통해 수많은 정보도 얻을 수 있다. 오프라인 교육 현장에 직접 가지 않아도 세상의 모든 지식과 정보를 집 안에서 편하게 다 챙겨볼 수 있게 됐다.

하지만 이런 스마트폰의 많은 장점들이 오히려 내 삶의 '덫'으로 작동하기 시작했다. 나의 시간을 잡아먹기 시작한 것이다. 우리의 멘탈을 무너트리고 있다. 시간은 과거나 지금 누구에게나 24시간 주어진다. 24시간 안에 잠도 자고 밥도 먹고 공부도 하고 일도 한다. 그 시간 사이에는 항상 여백이 존재했다. 이제는 삶의 시간 속에서 힐링의 여백을 찾기가 어려워졌다. 일부러 명상이란 명목으로 시간을 내야만 겨우 삶의 여백을 확보할 수 있는 시대가 된 것이다.

지금 나의 일상은 스마트폰으로 인해 공유되기 시작했다. 사생활이 사라지고 있는 것이다. SNS가 보편화되어 누구나 상대의 일상뿐만 아니라 그들의 가족과 친구, 지인의 일상과 관계까지도 알 수 있게 되었다. 하지만 그 일상이 사실인지 아니면 거짓인지 제대로 알기 힘들어진다. 또한 '악플 테러'가 전방위로 자행되고 있다. 이뿐만이 아니다. 굳이 알고 싶지 않은 온갖 데이타들이 범람하여 사생활을 교란시키고 있다.

스마트폰은 왜 나의 멘탈을 좌지우지 하는가? 코로나 19 펜데믹 사태 직후 부동산, 주식, 코인 등이 광풍을 일으킨다. 뉴스와 SNS 등에서 연일 달콤한 정보를 실시간으로 흘러보낸다. 성공한 유튜버의 월수입 정보가 사람들을 일확천금 환상에 취하도록 부추기고 조장했다.

상업적 포스팅에 최면이 걸린 악덕 블로거들도 양산되었다. SNS 유토피아 속에 감금된 것 같은 자신. 당장 트렌드가 되어버린 무언가를 하지 않으면 혼자 낙오자가 된 것 같은 패배감에 취하도록 만든다. 현실과 가상의 세계가 혼재돼 어디까지가 진실이고 어디까지가 거짓의 세상인지 구별하기 힘들어지고 있다. 자신도 모르게 자신의 삶과 다른 사람들의 삶을 맹목적으로 비교하고 그 격차에 때로는 불평과 불만을 갖는 못난 자아상을 만든다. 당연히 자신감과 자존감도 떨어지게 된다.

스마트폰이 이룩한 놀라운 문명의 장점을 애써 부정하려고 하는 건 아니다. 단지 스마트폰 문화가 너무 가열된 것 같아서 경계심을 갖자는 것이다. 스마트폰을 자신에게 가장 행복하고 유익한 모드로 콘트롤 할 수 있는 지혜를 가진다면 스마트폰은 인류 최고의 친구가 될 수 있을 것이다.

나는 스마트폰의 숲 속에서 나를 찾는 시간을 꼭 남겨두려고 노력한다. 나를 돌아보는 여백의 시간 때문이다. 그걸 찾지 않으면 스스로가 만든 스마트폰의 늪에 빠져 헤엄쳐 나오지 못할 거 같아서다. 그래서 과감히 매일 일정한 시간, 스마트폰과 이별하는 연습을 하고 있다. 운동을 할 때나 책을 읽을 때, 그리고 사람들과 대화를 할 때는 웬만해서 가방에서 스마트폰을 빼놓지 않는다. 이것만으로 얼마나 달라질까 싶겠지만 의외로 많은 효과가 있다. 다들 한번 실천해보자. 나만을 위한 여백의 시간이 많아짐을 절감할 것이다. 또한 그 시간 속에서 무너진 자신감과 자존감을 조금씩이나마 회복할 수 있을 것이다.

난 이렇게 나의 무너졌던
멘탈 빌딩을 조금씩 세워나가고 있다.

변화해야 할 때 변화하지 않으면

비즈니스를 하다 보면 많은 사람을 만난다. 성장하는 사람도 실패하는 사람도 만난다. 그러다 보면 한결같이 공통점이 있다. 바로 변화를 대하는 자세와 태도가 그 사람의 성장과 실패를 결정한다. 누구나 변화를 좋아하지는 않는다. 나 또한 변화하는 것이 두려울 때가 있다. 바로 '익숙함'이란 옷 때문이다. 모든 것에는 관성이 존 재한다. 흘러가는 쪽으로 계속 가고 싶은 마음, 이것이 익숙함이란 모습의 관성이다. 점점 편안함을 찾을 수밖 에 없고, 또 그것이 이어지다 보면 변화가 눈앞에 왔을 때 피하고 싶은 게 사람의 마음이다. 하지만 비즈니스로 말하자면 변화 앞에서는 어떤 타협도 있을 수 없다.

나는 많은 변화들 속에 성장하는 사람을 많이 보고 나 또한 그런 변화 가운데 큰 성장은 아니더라도 조금 씩 변화하여 여기까지 왔다. 어릴 때 어른들이 하시던 말씀이 기억난다.

"10년이면 강산이 변한다."

그런데 지금은 어떤가? 코로나19라는 팬데믹을 겪으 면서 코로나 이전과 이후로 나누었을 때 짧은 2년 동안 삶과 일 측면에서 엄청난 변화가 각자의 자리에서 일어 났다. 비대면과 가상세계 같은 분야에서는 새로운 세상 이 생겨났고, 아날로그를 디지털과 융복합하지 못하면 사업이 도태되는 일이 비일비재하게 일어나고 있다. 그 만큼 변화가 빨라진 것이다.

나 역시 이런 변화에 처음에는 어리둥절했다. '어떻게 적응해야 하지, 그리고 이런 변화로 성장할 수 있을까'라면서 스스로에게 많은 질문을 했다. 책을 읽고 주변에서 성공적으로 변화하고 있는 분들에게 조언을 받기도 했다. 결국 변화는 계속적으로 일어날 수밖에 없다. 이런 변화를 이겨내면서 성장하는 방법은 의외로 간단하다.

첫 번째는 변화를 받아들이는 자세부터 바꾸자.

변화를 느끼는 순간 마음을 먹어야 한다. '변화가 왔구나. 아니 오고 있구나. 이 변화는 나를 성장시키기 위한 선물이구나.'라고 여겨라. 그렇게 내 안의 변화를 당연스레 받아들이게 된다. 지금 이 순간도, 이 글을 읽는 순간조차도 변화는 진행되고 있다.

나는 지금부터 변화를 선택한다. 변화는 내게 온 '선물'이다.

두 번째 변화를 통해 성장한 나의 모습을 상상한다. 가령 비대면으로 바뀐 상황에서 내게 득이 되는 것은 무엇인지, 그리고 이런 공간과 시간의 경계에서 나의 변화된 모습은 어떤 모습일지 등을 끊임없이 생각하라. 자연스럽게 그런 기류가 나를 변화의 흐름으로 끌어들일 것이다.

마지막으로 변화를 받아들였다면 행동하라. 변화를 인식하고 그것을 통한 나의 변화된 모습을 상상하고 나면 이젠 손과 발을 움직여서 할 수 있는 것부터 해보자. 만약 이런 변화를 통해 수입이 줄었다면 '어떻게 수입을 증가시킬 수 있을까? 무엇을 배우면 앞으로 안정적인 수입을 만들 수 있을까?' 등을 생각하며 다시 도전하는 것이다. 그렇게 되면 변화는 나와 상관없는 존재가 아니라 나와 동행하는 존재가 된다. 분명 처음은 어렵고 쉽게 결과가 나오지도 않을 것이다. 이것이 당연하다. 하지만 어떤 일에도 시간은 필요하다. 내가 지금 글을 쓰는 것도 나의 인식과 상상과 행동을 통해 변화하는 방법을 실천하는 중인 것이다. 나는 단 한 번도 책을 써본 적이 없다. 그렇다고 학창시절 공부에 취미를 가지고, 글을 쓰는 재주가 있다는 소리도 단 한 번도 들어본 적이 없다. 하지만 지금 이렇게 글을 쓰고 있지 않은가.

지금의 삶이 만족스럽지 않아서 변화하는 것이 아니다. 사람은 성장하고 있을 때 존재의 의미를 찾을 수 있다고 생각하는 사람 중 한 사람으로서 나는 오늘도 변화를 통한 성장을 선택했다.

4:30, 마음이 외로우면 몸도 외롭다

지금 시간은 새벽 4:30분. 나에게는 마법과 같은 시각이다. 무언가를 계획하거나 어려운 문제가 풀리지 않으면 이 시간을 자주 이용한다.

새벽은 나에게 기적을 부르는 '주문'이기도 하다. 언제부터인가 일이 풀리지 않거나 힘든 일이 있을 때마다 이렇게 해왔다. 그렇다고 일어나는 것만으로 바로 문제가 해결되지는 않는다. 하지만 이렇게 시간을 보내다 보면 어느새 문제는 모두 스치듯이 지나가 버린다.

나에게는 '열심'이란 친구가 있다. 열심히는 내가 찾거나 부르지 않으면 절대 나타나지 않는다. 때로는 이 친구가 알아서 내 앞에 나타나 주길 바랄 때도 있었지만 지금껏 단 한 번도 그런 적은 없다. 그래서 나는 게으르고 마음이 외로울 때마다 열심이를 곧잘 부른다. 그러면 처음에는 살짝 눈만 보이는 것처럼 빼꼼 고개를 내밀다가 간절히 부르고 찾으면 어느새 내 앞에 딱 서서 나를 응원해 준다.

‘열심’이는 나의 맘속에 있는
가장 친한 친구이자 나 자신이다.

가끔 ‘열심’이와 달리기 경주를 할 때가 있다.

나를 이기는 것이 가장 어려운 것임을 나는 안다. 하지만 이것이 가장 쉽기도 하다. 마음이 외롭다는 것은 내가 지금 ‘열심’이를 찾지 않고 있다는 것이고, 아무런 목표도 방향도 없이 살아가고 있다는 뜻이기도 하다. 나는 이럴 때 ‘열심’이를 강제로 부르기 위해 한 가지 방법을 쓸 때가 있다. 바로 ‘운동’이다. 몸을 쓰면 마음도 움직인다. 이것은 몸과 마음이 하나이기 때문이다. 그래서 마음이 힘들면 몸이 힘든 것도 그 이유 중 하나이다. 지금 고민이 있다면 몸부터 새벽을 깨우기 바란다.

지금은 새벽 4:30분.

양에서 질로

내가 자주 쓰는 말이다. 무언가를 시작하면 항상 끝점을 보고 가라는 말을 많이 들었다. 나는 바로 끝점이 '총량'이라 생각한다. 총량이란 컵에 물을 채우는 것과도 같다. 컵에 물을 채울 수 있는 양이 총량이다. 마찬가지로 우리가 어떤 일을 시작할 때 총량이 있다는 말이다.

일이 주어지면 계획을 세우고 실행에 옮기면서 결과를 예측한다. 간혹 어떤 프로세스는 결과가 바로 나오기도 한다. 하지만 대다수 프로세스는 제대로 결과가 나오지 않는다. 사는 것도 이와 다르지 않다. 세상을 살아가다 보면 잘 해결되지 않는 문제가 얼마나 많은가? 하지만 그럴수록 외부환경과 상황 탓으로 돌리면 끝이 없다. 나는 그럴수록 나만의 방법을 찾는다. 그 출발이 바로 총량이다. 양에서 질을 찾는 방법이다. 좋은 것, 좋은 방법은 바로 나오지 않는다. 하지만 여러 방법을 해보고 그것 가운데 좋은 방법을 찾는 건 생각보다 어렵지 않다.

내가 처음 사업을 시작할 때 잘못했던 부분 중 하나는

사람을 판단하는 것이었다. 사업 파트너를 찾기 위해 많은 사람들을 만나면서 이 사람은 이래서 안 되고 저 사람은 저래서 안 되고, 분명 이 사람은 정말 잘할 거 같고 나랑도 잘 맞은 거 같다고 생각을 한다. 그렇게 혼자 사람을 판단할 때가 많았다. 뒤돌아 보면 나는 사람을 제대로 판단할 줄 몰랐다. 잘할 것 같은 사람은 일을 하다가 중간에 포기해 버렸다. 잘 못 할 것 같았던 사람 중에 처음에는 서툴렀지만 나중에 엄청난 결과를 낸 사람도 있다. 사람의 일은 아무도 모른다. 속단해서도 안 된다. 단지 지켜보고 겪어보고 경험해볼 수밖에 없다. 묵묵히 지켜보는 것뿐이다. 이후로 나는 파트너를 찾을 때 어떤 선입견도 갖지 않으려고 노력한다. 결국 많은 사람들이 모이면 그 안에서 이런 사람 저런 사람이 나오기 마련이다. 그 가운데 평생 함께할 파트너도 있는 것이다.

사람뿐만이 아니다. 일을 할 때도 분명 양과 질은 존재한다. 파트너가 일이 잘 안 풀린다고 이야기할 때가 있다. 그럴 때도 난 항상 똑같은 말을 한다. '양에서 질이 나온다'고. 양이 부족하면 좋은 결과가 나오기 어렵다는 것이다.

우리나라에서 최근 자수성가한 대표적인 인물로 꼽히는 카카오 김범수 의장은 카카오를 만들면서 첫 번째 성공원칙을 이렇게 정했단다.

'일단 사람을 모아라.'

나는 이 말을 이렇게 해석해 본다. 일단 사람이 모이는 곳에는 무엇이든 할 수 있는 가능성이 많아진다고. 결국 이 방법이 통했다고 생각한다. 내가 하고 있는 일도 다름이 없다. 고객을 구축하고 파트너 사를 늘려가는 것이 나의 핵심 과제다. 그럴려면 많은 고객과 파트너를 만나야 한다. 그들과 섞여 좋은 혜택과 문화를 나누어야 한다. 결국은 양에서 질을 찾는 것이다.

앞으로도 이 방법에는 변함이 없을 거 같다. 수많은 기술이 나오더라도 결국 사람이 하는 일에는 오차가 생길 수밖에 없다. 그런 오차 속에서 실수와 실패를 거듭하다 보면 기회에 이어 성공도 따라온다. 지금 만약 힘든 상황을 겪고 있다면 나는 과감히 이렇게 외칠 것이다.

더 많은 양에 도전을 지속하라고.

시작하다 보면 끝이 보인다

무슨 일이든 처음 시작하려고 마음을 먹는 게 가장 어렵다. 특히 실패를 거듭하다 보면 나도 모르게 마음속에서 '실패할 건데 뭐하러 또 시작하는 거야'라는 생각이 들어 시작조차 못하게 만들 때가 종종 있다. 나 역시 사업을 하면서 수많은 실패와 실수를 했다. 그때마다 좌절도 하고 후회도 했다. 도대체 왜 그랬을까?

그때 그 말은 안 했어야지.
그때 그 행동은 안 했어야지.
그때 그 결정은 안 했어야지.

하지만 되돌릴 수 없다. 그리고 다음에는 안 해야지 하면서도 반복할 때도 많다. 사는 게 생각한 대로 다 된다면 얼마나 좋을까? 그럼 누구나 부자가 될 수 있고 누구나 강한 멘탈의 소유자가 될 수 있을 텐데.

그렇기 때문에 매번 넘어질 때마다 다시 일어나는 자신만의 방법을 터득하는 것이 필요하다. 마음속으로 이런 주문을 외운다. 지금은 실수하고 실패했을지라도 '실수와 실패가 끝이 되면 안 되지, 그럼 지금 당장 내가 할 수 있는 건 뭐지?'라고 생각하며 떠오르는 것들을 적어 본다. 그 중에서 당장 실천할 수 있는 일들을 하나씩 실천해 본다. 한 번에 해결되는 문제는 문제라고 할 것도 없다. 하지만 실수하고 실패를 거듭하면서 해결되는 문제는 분명 나를 성장시킨다. 나는 지금 이 순간에도 이런 문제를 겪고 있다. 이제 스스로에게 대답한다.

실수와 실패가 끝이 되면 안 되지!
다시 시작하자.
나를 들어 올릴 수 있다면.

세상에서 가장 무거운 존재는 바로 나다. 무엇이 나를 이렇게 무겁게 누르고 있는지 아무리 들어 올리려고 해도 쉽게 들어올릴 수가 없다. 세상에는 수많은 장애물이 있지만 가장 큰 장애물은 바로 나일 때도 있다.

마음속으로는 결심도 하고 선언도 하고 때론 확언도 한다. 하지만 그것을 지키기가 왜 이리도 어려운지 모르겠다. 그런 존재가 나뿐일까? 그렇지 않다. 누구나 그럴 수 있다. 수백, 수천억의 자산을 가진 부자도 마찬가지다. 때로는 자신을 이기지 못해 잘못된 선택을 하는 사람들을 보면서 사람들은 이렇게 이야기한다.

"뭐가 부족해서 저런 선택을 했을까?"

아니다. 누구나 자신이 짊어지고 있는 무게는 다르다. '왕이 되기 위해서는 왕관의 무게를 견뎌라.'라는 말도 있지 않은가? 그렇다. 그만큼 나를 들어 올리는 것이 가장 어렵고 힘들기 때문이다.

나의 졸음운전 때문에 많은 분이 걱정한다. 면허증을 따고 얼마 되지 않아 차가 생겼다. 그래서 학교에 갈 때도 연애를 할 때도 편하게 다닐 수 있었다. 당시에는 여자 친구 집이 우리 집과 정 반대편에 있어서 항상 데려다 주고 다시 돌아와야 했다. 그때는 함께 있는 시간은 왜 이리도 빨리 지나가는지 항상 밤이 늦도록 붙어있었다. 늦은 시간 바래다 줄 때는 절대 졸지 않았다. 근데 운전하고 돌아오는 시간은 왜 그렇게 멀고 잠이 오는지. 지금 생각하면 아찔한 순간이 한두 번이 아니었다. 졸음운전이 습관이라면 그 무렵에 생겼을 것이다. 그렇다고 지금의 아내에게 한 번도 이야기하거나 탓해 본 적은 없다. 이 글을 아내가 읽는다면 뭐라고 할지도 모르겠다. '졸음'이 대체 뭐라고? 이것 하나도 우리는 이겨낼 수 없다.

우리가 너무도 잘 아는 성경의 인물들도 졸음때문에 야단을 맞을 때가 있었다. 예수님이 기도하러 간 사이에 제자들에게 깨어서 기도하고 있으라고 분명 이야기했지만 제자들은 졸고 있지 않았는가.

나를 들어 올린다는 건 세상을 들어올리는 것이다. 내가 많은 분들에게 새벽부터 나를 통제하자고 이야기하는 이유도 여기에 있다. 작은 것에서부터 나를 들어 올리는 연습을 하다 보면 결국은 큰 일에서 나를 올리는 것도 가능하다는 것을 경험했기 때문이다.

처음 '책을 써야겠다' 아니 '쓰고 싶다'라고 생각만으로도 수년이 걸렸다. 막상 쓰려니 글이 써지지 않고 이런저런 핑계로 미루기만 했다. 하지만 새벽을 깨우면서 그냥 무작정 컴퓨터를 켜고 타자를 치기 시작했기 때문에 지금 내가 이 책을 쓸 수 있게 된 것이다. 바로 이것이다. 나를 이기는 건 때론 정말 간단할 수도 있다. 작은 행동부터 내가 할 수 있는 최소한의 행동을 일으키는 것이다.

그게 쌓이면 결국 큰 행동으로 연결된다.

　부자가 되고 싶다면 먼저 내가 벌고 쓰고 있는 수입과 지출부터 살펴봐라. 이것이 부자가 되는 가장 작은 행동이다. 부자는 단순히 돈을 많이 번다고 부자가 아니다. 결국 지출보다 수입이 많아야 하는 가장 쉽고 단순한 진리에서 시작된다는 사실을 잊지 말아야 한다. 100만 원을 벌면 얼마를 지출하고 얼마를 저축할 것인지 결정해라. 그렇지 않고 1,000만 원을 벌어도 1,100만원을 쓰는 사람이 있다면 그의 미래는 막막하기만 하다. 지금부터 정확한 지출과 수입을 계산하고 적는 습관을 가져라. 그러다 보면 결국 내가 원하는 부자의 습관을 가지게 될 것이다.

　나를 들어 올리는 것은
　세상을 들어 올리는 것이다.
　작은 것부터 나를 들어올리는
　행동에서 시작하라.
　실행을 하면 가까이에 있고
　상상만 하면 멀리만 보인다.

나라는 사람은 원래부터 우유부단한 사람이다. 무엇을 결정하는 것조차 쉽게 하지 못한다. 그러다 보니 항상 생각만 하다가 늘 '이럴 걸' 하면서 흐지부지되어 버린다. 그래서 후회도 많이 했다. 그 후회 때문에 또 다른 걱정도 한다. 초등학교 시절까지는 호기심도 많았고 활동적이었다. 이후 중·고교, 대학교를 거쳐 사회생활을 시작하기까지, 항상 '내성적'이라는 소리를 많이 들었다. 그런 내가 항상 싫었다. 나도 다른 친구들처럼 앞에서 주목받고 인정받고 싶었다. 그러지 못하고 매번 망설이고 할까 말까 고민만 하다가 끝나 버렸다. 그런 일이 자꾸 내자신을 소심하게 만들었다. 그래서 그 이유를 곰곰이 생각해봤다.

어릴 적 나는 유난히 작고 왜소했다. 고등학교에 진학할 때까지 반에서 가장 작은 무리 속에 속해 있었다. 난예술고에 진학했기에 반에 57명 중 50명이 여자 아이였다. 1학년에 반에서 번호가 5번이었다. 지금은 어쩐지 모르겠지만 당시에는 번호를 정할 때 교실에 있는 아이들을 복도로 나오게 해서 줄을 세운 후 키 순서로 번호를 정하던 시절이었다. 그렇게 내 번호는 5번이 되었다. 난

키만 작은 게 아니라 마음도 작은 아이였다. 내가 스스로 그렇게 만들었던 것 같다. 다행히 지금은 작다는 소리는 듣지 않는다. 내가 미국 생활을 마치고 지금의 비즈니스를 시작하면서 가끔 학창시절의 친구들을 만날 때가 있다. 그때마다 친구들이 이런 이야기를 한다. "그때의 네가 지금 네가 맞냐?"고.

내가 성악을 그만둔 가장 큰 이유는 무대공포증 때문이다. 사람들 앞에만 서면 얼굴이 빨갛게 붉어지고 심장이 빨리 뛰었다. 옆에 있는 사람도 그걸 느낄 정도로 손은 항상 땀으로 축축하게 젖어있었다. 공연 때마다 그러면 내 수명도 단축될 것만 같았다. 분명 좋아서 시작했는데 그리고 잘하고 싶은데, 마음처럼 몸이 따라오지 않았다. 그런 내가 달라졌다고? 아마 그 친구들 눈에는 그렇게 보일 수도 있다.

사실은 지금도 나는 한두 명이든 수천 명이든 누군가의 앞에만 서면 떨리고 진땀이 난다. 하지만 예전과 다른 게 있다. 바로 '책임감의 크기'가 달라졌다. 결혼하기 전에는 나만 생각해도 되었지만 결혼을 하고, 첫째 아이가 태어나고 고립무원의 미국으로 떠날 때부터 나도 모르는 책임감이 나를 일깨워주었다. 그 책임감이 나보다 더 앞서서 나를 리드하기 시작했다. 싫은 일도 망설이는 일도 해야만 했다. 아니 하지 않으면 안 되었다는 말이 맞다. 그런 날이 많아질수록 나 자신도 모르게 생각하면 바로 실행에 옮기게 되었다.

지금은 알고 있다. 생각보다 더 중요한 것은 해보는 것이라는 사실을. 생각하고 상상만 하다가 후회할 일이라면 좀 실수도 하고 실패한다고 해도, 하지도 않고 후회하는 일보다는 훨씬 낫다. 하고 나서 후회하는 일을 선택하는 것이 더 낫다는 말이다. 상상만 할 때는 멀리 있던 것들이 말을 하고 몸을 움직이면 훨씬 더 가까이 보인다. 이것은 모든 일에 적용된다. 특히 비즈니스 하면서 나를 끌어올리는 힘은 행동에 있다는 사실을 이젠 안다.

나는 누구인가? 나는 어떤 사람인가?

우리는 하루에도 오만 가지 생각을 한다. 만약 생각을 통제할 수 있다면 어떤 일이 생길까? 나는 이런 상상을 자주 한다. 내가 하는 생각이 결국 나를 만든다는 것을 깨달은 이후부터 스스로 긍정적이고 원하는 것에 대한 생각을 많이 하려고 노력하는 편이다. 하지만 우리의 뇌는 꼭 그렇지만은 않다. 생각 속에 원하는 부분을 많이 넣도록 통제하기도 어렵고, 때로는 원하지도 않는 생각을 한다. 그러다 보면 결국 원하지도 않은 일이 생긴다. 이게 얼마나 무서운 일인가? '나의 생각을 통제한다' 라는 의미는 '내가 원하는 삶을 살아간다' 는 뜻이다. '나는 누구인가? 나는 어떤 사람인가' 는 '나는 무엇을 생각하며 살아가는 사람인가' 라는 의미로 해석될 수 있다. 생각이 결국 행동으로 이어지고 그 행동이 현실에서 나를 판단하는 기준이 되기 때문이다.

만약 '죽음'이라는 것을 생각하면 어떤 생각이 드는가? 다르게 이야기하면 나는 어떤 사람으로 기억되기를 원하는가? '호랑이는 죽어서 가죽을 남기고 사람은 죽어서 이름을 남긴다' 라고 한다. 이름 안에는 단순한 호칭 이상의 것이 들어 있다. 그 사람이 생전에 타인에게 끼치는 영향력에 따라 평소의 말과 행동을 통해 만들어진 모습이 그 사람의 이름으로 기억될 것이다. 그래서 사는 동안 어떤 사람으로 기억될지는 죽은 후가 되어보아야 알 수 있다.

라틴어에 '메멘토 모리'라는 말이 있다. 이 단어의 뜻은 '반드시 죽는다는 것을 기억하라'라는 의미를 가지고 있다. 내가 어떤 사람으로 기억되고 싶다면 나의 생각을 모두 통제할 수 없을지라도 의식이라는 것을 통해 순간적으로 생각을 통제할 수 있으므로 '나를 어떤 사람으로 만들 것인가?'를 끊임없이 생각하며 살다보면 분명 나의 모습 속에서 내가 생각하는 나와 남이 생각하는 나가 닮아가는 모습을 발견할 것이다.

돈을 벌고 싶다면 배우고 가르쳐라

나는 학교 다닐 때 공부하는 것을 좋아하지 않았다. 근데 부모님은 내게 항상 이런 말씀을 하셨다. "넌 머리는 좋은데 공부를 안 한다." 솔직히 그때는 그게 사실인 줄 알았다. 시간이 지나서야 내 머리가 썩 좋지 않다는 것을 알게 되었다. 사회에 나오니 쉬운 게 하나도 없었다. 배우지 않으면 아무것도 할 수 없었다. 이때 깨달은 사실은 내 스스로 배우려고 하지 않으면 누가 나에게 가르쳐 주지도 않으며 기회도 주지 않는다는 것이다. 이때부터는 항상 배움에 목이 말라 있었다. 새로운 것이 있다면 배우기 위해 책도 찾아보고 전문가도 찾아나서곤 했다. 그러면서 내가 배운 것을 활용할 수 있도록 지금 하고 있는 사업에 접목도 해보았다. 그럴수록 내 안의 자신감이 조금씩 올라가기 시작했다.

처음 사회에서 배운 것은 마케팅이었다. 어떻게 하면 내가 가지고 있는 제품을 더 잘 팔 수 있을까? 매일 고민했다. 2006년 경이었다. 내가 가지고 있는 아이템을 온라인이란 세상에서 팔아보자는 생각으로 공부하기 시작했다. 난 당시 컴맹에 가까웠다. 어디서 어떻게 시작해야 할지 몰라서 무작정 서점에 가서 쇼핑몰 관련 책을 사 읽기 시작했고, 플랫폼에서 판매자가 되는 것부터 시작했다. 먼저 옥션이란 플랫폼에 사진과 글을 적어서 그냥 올려보았다. 당시에는 사진을 어떻게 찍어야 하는지조차 알지 못했다. 당연히 포토샵 편집은 언감생심. 아무것도 몰라 그냥 사진 한 장과 금액 등 필수사항만 올렸던 기억이 난다. 근데 이게 웬일인가! 오픈마켓을 시작하고 얼마 되지 않았는데, 이 제품이 히트상품이 되었다. 당시에는 온라인을 통해 그 제품을 판매하는 사람이 없었던 것 같다. 이후 나보다 더 잘할 수 있는 사람을 찾아나섰고, 그 때부터 온라인판매가 본격적으로 시작되었다.

그리고 다음으로 시작한 것은 나처럼 무지한 사람을 가르치는 일이었다. 온라인 상에 카페를 만들었다. '혹시 나와 같이 판매하고 싶은 분들은 오세요.'라면서 '온라인 판매 도우미'를 자청했다. 지금 생각해 보면 너무 부끄럽다. 내가 뭘 안다고. 하지만 그때부터 내 실력도 늘기 시작했다. 판매량도 점점 늘어나고 결국 오픈마켓에서 관련 부분 전국 1등을 하기도 했다. 그 즈음 교육이란 단순히 배우는 것을 넘어서 가르치기 위한 것임을 깨달았지 않나 싶다. 지금도 많은 것을 가르치고 있다. 당연히 내가 사업하는 분야도 있고, 최근에는 SNS 관련 교육도 실시하고 있다. 뭐든 배움에서 그치면 내 것이 되기 어렵다. 하지만 가르치기 위해 배우는 순간 자세도 달라지고 그것은 온전히 내 것이 된다. 지금까지의 사회 생태계도 그러했지만 앞으로는 더욱더 빠르게 변화하기 때문에 배울 것도 더 많아질 것이다. NFT, 메타버스, 가상 지갑 등 이런 건 시작에 불과하다. 이런 변화막측한 생태계에서 생존하고, 나아가 성장하기 위해서는 배우기 위해 배우는 것이 아니라 가르치기 위해 배워야 한다. 그게 부자가 될 수 있는 가장 빠른 길이다.

지금부터 무엇을 가르칠지를 생각하라.
이것이 부자가 되는 시작점이 될 것이다.

'커뮤니티 크리에이터'라는 말을 들어 보았는가? 요즘 유튜브를 활용한 디지털 크리에이터가 엄청 많다. 그 안으로 들어가 보면 먹방 크리에이터, 뷰티 크리에이터, 헬스 크리에이터, 북 크리에이터 등 수많은 크리에이터가 본인만의 구독자층을 형성하고 있다. 여기에서 좀 더 진화해 '커뮤니티 크리에이터'의 시대가 온다고 한다. 이것은 도대체 뭘까?

예전에는 '계모임'이란 게 굉장히 많았다. 두세 사람만 모여도 "우리 계 하자."면서 돈을 모으고 한 달에 한 번 모임을 가졌다. 아마 나보다 이후 세대는 이런 모임을 이해하지 못할 수도 있다. 계 모임은 단순히 목돈을 만들기 위한 모임이 아니었다. 경조사도 챙기면서 서로 간의 끈끈한 커뮤니티를 만들어갔다. 이러한 모임이 '블록체인' 기술을 바탕으로 개인 커뮤니티로서 확대재생산될 것이다. 개인이 방송국을 운영할 수 있고, 출판사나 은행을 운영할 수도 있는 세상이 눈앞에 전개되고 있다.

이런 세상에서는 과연 무엇이 중요할까? 바로 소통 커뮤니티다. 이제 단순히 일방적인 전달은 소통이라고 불릴 수 없다. 우리가 지금 멘탈이라는 이름으로 이야기하는 모든 것은 결국 소통을 위한 커뮤니티와 관계가 있다. 그것을 통해 얼마만큼 나를 확장시킬 수 있느냐, 나의 한계를 넘을 수 있느냐 하는 것과 다르지 않다.

지금의 상황과 환경에서 벗어나 내가 원하는 삶으로 인도하는 방법을 모색해야 한다.

우리는 이제 무엇이든 될 수 있다. 그 무엇이 될지는 내가 정하면 된다. 못해서 못하는 것이 아니다. 안 해서 못하는 것뿐이다. 이제 나만의 성공으로 이끄는 커뮤니티를 준비하자.

난 지금부터 '커뮤니티 크리에이터'다.

나에게 칭찬하기

나를 성장하고 싶다면 지금부터 나부터 칭찬하는 연습을 해야 한다. 남에게는 매너도 있고 칭찬도 잘하면서 자신에게는 궁색한 사람들이 많다. 이것은 자신을 잘 모르기 때문이다. 나 또한 인정받고 칭찬받고 싶어한다. 하지만 누구도 나를 칭찬해주지 않는다. 그럴수록 나를 칭찬해 줘야 한다.

너 참 잘하고 있어!

오늘도 수고했어!

이런 칭찬은 오늘을 멋지게 살아갈 활력소가 될 것이다. 그리고 앞으로 나아가고 지속할 힘을 줄 것이다. 나는 매일 도전한다. 사람에 대한 도전, 나 자신에 대한 도전, 이것이 나를 살아있다고 느끼게 하기 때문이다. 때로는 힘이 들 때도 있다. 과연 내가 잘하고 있는가? 여기서

멈춰야 하는 건 아닌가? 모든 게 명확하게 딱 떨어질 때
가 많지 않다. 이럴 때일수록 더욱 더 칭찬이 필요하다.
'잘하고 있어! 그럼. 너니까 여기까지 온거야!' 이렇게
한 걸음 나아가다 보면 또 다른 도전 앞에 서게 된다. 지
금 거울 앞에 선 자신을 바라보라. 내 앞에 있는 너는 어
떤 모습인가? 자신감이 넘친 모습이 아니라면 두 눈을
크게 뜨고 눈앞에 보이는 너에게 외쳐라. "넌 참 괜찮은
사람이야! 넌 아주 훌륭해!"

 그리고 문밖을 나서라. 그럼 특별한 만남이 기다리고
있을 것이다.

나를 위해 우겨주는 사람

 나는 세상에서 누군가가 오로지 나의 편이 되어 우겨
줄 때 가장 힘이 난다. 때론 아무리 생각해도 이해할 수
없는 상황임에도 불구하고 그는 나를 위해서라면 오로
지 나를 위해 우겨준다. 그분은 바로 '아버지'였다. 내가
고등학교를 갈 때도 아버지가 학교를 찾아와 선생님과

상담을 하셨다. 지금 내 실력으로는 인문계는 말할 것도 없고 실업계(당시에는 공고, 상고, 농고)도 제대로 된 곳에 갈 수 없는 처지였다. 그리고 학생기록부를 보면서 선생님께서 합창부 생활에 관한 이야기를 하시면서 예고를 알려주었다. 아버지는 이런 학교가 있는 줄도 모르셨다. 하지만 여기도 지금 준비해서는 어렵다고 했다. 거기마저 떨어지면 3차 학교에 가야 할 수도 있었다. 아버지는 상담을 마친 뒤 나를 오토바이에 태우고 고교 입시학원부터 찾아 다녔다. 그리고 집에 와서 선생님과 대화하신 이야기를 해주셨다.

"선생님이 네가 노래를 참 잘한다고 그러시데. 노래를 잘하니까 예술고에 진학해 보면 어떻겠냐? 혹시 떨어져도 넌 머리가 좋으니까 지금부터 공부해서 인문계 가면 되고. 해볼래?"

그땐 그 말을 그대로 믿었던 거 같다. 그래서 그때부터 학교 음악선생님의 도움을 받고 친구한테 노래를 배우면서 결국 예고에 진학할 수 있었다. 만약 선생님과 면담할 때 나라면 어땠을까? 아들이 "공부를 너무 못해서 갈 수 있는 학교가 없다."는 말을 들었다면 아마 많이 창피

했을 것이다. 하지만 아버지는 아들 기죽이지 않으려고 작은 희망이라도 주려고 노력했다. 아버지는 속으로 많은 고민을 했을 것이다. 아버지는 내색하지 않고 아들의 미래를 긍정적이고 희망적으로 우겨주었다. 이건 오로지 자식을 위한 사랑이란 말로밖에 달리 표현할 수 없다. 당시 나를 위해 누가 그렇게 우겨줄 누가 있었겠는가. 지금의 당당한 내 모습은 그런 아버지가 있어서 가능했다. 아무것도 할 수 없는 사람이고, 자격지심에 고집불통인 내가 누군가에게 성공을 가르쳐 주고 응원해 줄 수 있는 사람으로 성장할 수 있었던 계기가 바로 한 사람의 우겨주기에서 시작되었던 것이다.

'사랑받지 못한 사람은 사랑을 줄 줄도 모른다.'

나는 이 말을 믿는 편이다. 사랑은 말이 아닌 감정이기 때문이다. 머릿속으로 생각하는 사랑과 가슴 깊은 곳에서 올라오는 이런 감정의 표현은 다를 수밖에 없다. 오늘도 내가 받은 사랑의 마음으로 누군가를 응원하고 우겨줄 수 있다면, 그것이 결국 나를 올리는 가장 강한 힘이 될 것이다.

꾸준함도 유니크해야 한다

나는 무언가 시작할 때 마음속으로 마법을 건다. '난 시작하면 끝까지 한다.' 내가 끝까지 할 수 있다고 생각하지 못하면 누구나 나를 끝까지 하는 사람으로 보지 않는다. 이런 꾸준함이 결국 나를 변화시킨다. 내가 처음으로 끝까지 했던 게 뭐가 있을까? 생각해보니 '새벽기도'였던 거 같다. 교회에서는 매년 일정 기간을 정해두고 특별 새벽기도회를 연다. 그 기간에는 어떤 일이 있더라도 참석하려고 노력했다. 그러다 보니 내 안에 두려움이 사라지는 순간을 자주 경험하게 되었다. 다른 분야에서도 점점 그 힘이 나타나기 시작했다. 자연스레 사람들에게 나라는 사람을 알리기도 쉬워졌다.

무언가 꾸준하려면 내가 그것에 진심을 가지고 노력하고 책임감이 생길 때에만 가능하다. 꾸준함도 두 가지가 있다. 오로지 나를 위한 꾸준함과 나와 남들에게까지 도움이 되는 꾸준함 말이다. 나만을 위한 꾸준함은 오래가지 못한다. 하지만 그 일이 처음에는 나를 돕는 꾸준함에서 시작했지만 시간이 흐를수록 남들에게 도움이 되기 시작하고 그들도 그것으로 변화되기 시작한다면 그것이 바로 독창적(유니크) 꾸준함이 된다. 이런 꾸준함은 좀 더 시간이 지나면 나만의 또 다른 경제적 가치로 발전할 수도 있다. 그것을 바라고 시작한 일은 아닐지라도 결과적으로는 엄청난 질적 변화를 보여준다. 꾸준함의 가치는 바로 그런 것이다.

얼마 전 우연히 TV 프로그램에서 배우 이시영을 보게 되었다. 그녀는 그전까지 많은 주목을 받는 배우는 아니었다고 한다. 하지만 2010년 권투를 주제로 한 드라마에 캐스팅되면서 복싱에 입문한다. 아마추어대회에서 수차례 우승한 그녀는 국가대표선발전에도 출전해 준우승을 차지하며 국가대표로 뽑히기도 했다. 단순히 취미가 아닌 두 번째 직업으로 복서의 길을 걸었다.

대부분이 경우 이런 이미지를 방송용으로 이용하고 실제 활동은 하지 않는 경우가 많은데 그녀는 달랐다. 기초부터 시작해 차근차근 밟아 올라 빛나는 성과를 냈다. 일반적인 여배우들과 달리 자기만의 독특한 빛깔을 내는 건강한 이미지가 있는 배우가 된 것이다. 지금은 많은 드라마에서 건강하고 강한 매력이 있는 배우로 거듭나고 있었다. 최근에는 습관성 어깨 탈구로 더이상 복싱을 하지 못하게 되자 산에 오르기를 시작했다고 했다. 거의 매일 청계산을 올랐다고 한다. 처음에는 살빼기를 위한 운동으로 시작했다. 두 달 산을 오르니 어느 순간 경치도 보이고 숲의 싱그러움도 느껴졌다. 또 다른 산을 찾기 시작하면서 자연스럽게 전국의 산을 돌아다니게 되었다고 한다. 그녀는 그것에 만족하지 않았다. 그녀는 고난도 암벽등반에 도전한다. 북한산 문수봉에서 비봉능선으로 내려가는 길처럼 험악하고 스릴 넘치는 산을 골라가면서 또 다른 도전을 했다. 지금 유일한 연예인 등산 유튜브 채널인 '이시영의 땀티'를 운영하고 있다. 땀티는 100대 명산을 목표로 매주 전국 명산 산행을 한다. 이렇게 새로운 분야의 도전기를 만들어가는 사람이 갈수록 늘어가고 있다.

《21세기 유망직업 100》이란 책에 이런 구절이 나온다.
'21세기에는 누구나 자신의 영혼을 만족시키면서도 지갑을 두둑하게 만들 수 있는 직업을 가지게 될 것이다.

일의 형태는 자영업, 프리랜서, 재택노동이 주류를 이룰
것이다'

오늘부터 꾸준함을 가지고 무언가 독창적인 일에 도
전해 보기 바란다. 나를 변화시킬 때까지의 꾸준함이 남
을 변화시킨다면 이미 그는 능히 세상을 변화시키는 사
람이다.

난 게으르다

난 왜 의지가 부족하지?

수많은 사람들 중에 왜 나만 성공을 못해, 왜?

인간은 본래 가지고 있는 게으름이 있다. 하지만 이런
게으름도 하나의 타성이기 때문에 능히 제압할 수가 있
다. 그 게으름을 깨부수고 또 다른 세상으로 진군하는 사
람이 있다. 물론 당신도 그럴 수 있다. 그렇다면 어떻게
해야 포기하지 않고 끈질기게 무언가를 이뤄낼 수 있을
까? 아마 이 글을 읽는 사람이라면 누구나 경험했고 경

험하고 있을 것이다. 지금부터는 누구나 의지를 유지할 수 있는 작은 방법 하나를 익히게 될 것이다. 앞에서 언급한 대로 나만의 장치가 필요하다. 사람은 누구나 좋아하는 것에 대해서는 시키지 않아도 생각과 몸이 움직인다. 더 강력하고 흥미진진한 일이 있다면 잠을 자지 않아도 피곤하지 않다. 이것이 바로 의지를 이어갈 수 있는 의지장치다.

의지장치는 좋아하는 것, 그리고 흥분할 수 있는 것으로 만들어야 한다. 게임을 좋아하는 사람은 의지장치가 게임, 책을 좋아하는 사람은 책, 돈을 좋아하는 사람은 돈, 사람을 좋아하는 사람은 사람을 의지장치로 삼아야 한다. 나 스스로 부족한 의지를 지속할 수 있도록 내가 좋아하고 흥분하는 장치를 이용해야만 그것이 무엇이든 지속가능하게 된다. 그것이 반복되면 나도 성공한 소수가 되는 것이다.

나는 개인적으로 돈을 좋아한다. 그리고 이 돈으로 기부를 한다거나 하나님의 영향력을 넓힐 수 있는 곳이 있다면 그걸 사용하는 것. 그게 내 의지장치다. 처음 아르바이트를 통해 돈을 벌었을 때 나는 그 돈을 아버지에게

드리고 싶다는 생각이 간절했다. 그래서 일을 하는 것이 하나도 피곤하지 않았다. 처음 번 돈을 아빠에게 드렸는데, 아버지는 무척 감동하시며 날 대견하게 생각하셨다. 아버지가 기뻐하는 모습보다 몇 배 더 큰 기쁨을 그때 느꼈던 것 같다. 바로 내가 가장 좋아하는 것이 무언가를 절감한 것이다. 내가 가진 것을 사랑하는 사람과 나누는 것 말이다. 누구나 분명 좋아하고 흥분하는 순간을 기억하고 있을 것이다. 이것을 당신의 의지장치로 만들기 바란다. 그럼 조금 더 오래 조금 더 길게 의지를 지켜나가고 행동하면서 성공에 가까워질 것이다.

하루를 버티는 힘

난 왜 이럴까? 나만 그럴까? 분명 어제는 뭐든 할 수 있을 거 같았는데 오늘은 정반대다. 자존감이 바닥을 찍는다. 누구 하나 뭐라고 하지 않음에도 불구하고 모든 것이 원하는 대로 풀리지 않는다. 이것 또한 내가 견뎌내야 한다는 건 알지만 감정을 조절하기가 쉽지 않다. 어떻게 하면 무력한 감정을 다스리고 다시 올라올 수 있을까?

난 내일부터 이렇게 하기로 마음을 먹었다.

첫 번째, 새벽에 일어난다. 그리고 무작정 달려본다. 분명 새벽공기는 차가울 것이고 차가운 공기를 마시면 뇌도 번쩍일 것이다. 그렇게 달리다 보면 새로운 지혜가 분명 생긴다.

두 번째, 책 한 권을 하루 만에 읽는다. 모든 생각을 내가 아닌 책의 저자로 하루 동안 살아본다면 분명 새로운 기회를 찾을 수 있다.

세 번째, 좋아하는 사람과 맛있는 음식을 먹을 것이다. 그럼 분명 마음의 여유를 찾게 될 것이다. 맛있는 음식으로 소박하게나마 행복을 맛보게 될 것이다. 이것으로 다시 한번 나를 세울 수 있는 희망을 찾을 것이다.

'나' 같은 존재는 이 세상에 유일하다. 최강의 가치를 지니고 있다. 기죽을 필요도 누구와 비교할 필요도 절대 없다. 나는 신께서 이 세상에 꼭 필요한 존재로 이곳에 보내진 사람이다. 누구의 행복도 아닌 자신의 행복을 찾아서 앞으로 전진하기만 하면 된다. 오늘 잠시 넘어졌다면 내일은 다시 씩씩하게 일어나면 된다. 모든 고민과 불평은 이제 집어치우고 새롭게 태어났다고 착각하고 지금부터 시작하면 된다.

당신도 나와 똑같은 사람이다.

내 몸이 하나가 아니라 둘이라면

가끔 나는 이런 생각을 할 때가 있다. 하나의 몸은 열심히 배우는 일에 집중하고, 또 하나의 몸은 배운 것들을 계속 적용하는 일에 집중할 수 있다면…. 하지만 우리의 몸은 하나라서 배운 것을 동시에 실천하기도 해야 한다. 그러다 보면 배운 것이 잘 안 될 때가 많다. 나를 누구보다 잘 아는 아내는 나에게 항상 이렇게 이야기한다.

"당신은 정말 멀티가 안 돼."

맞다. 솔직히 난 한 가지도 제대로 못 할 때가 많다. 그러다 보니 두 가지 세 가지를 한다는 건 나에게 불가능한 일처럼 느껴진다. 하지만 우리 뇌는 분명 여러 가지 일을 생각할 수 있게 만들어졌다. 하지만 우리 몸은 수많은 생각을 하더라도 결국 손과 발은 한 가지 일밖에 할 수 없도록 만들어졌다. 이것만 보더라도 '멀티'는 불가능하지 않을까?

내가 지금 말하려고 하는 건 한 개라도 제대로 하는 것이 중요하다는 사실이다. 두 가지 세 가지 일을 하려면 결국은 원하는 결과를 얻는 데 제대로 집중하기 어렵다. 한 가지가 제대로 완성되면 두 번째 일도 좀 더 빠르게 진행될 수 있다.

예전 내 학창시절에는 "운동을 잘하는 친구는 공부를 못해."라는 말이 통용됐다. 하지만 요즘은 절대 그렇지 않다. "공부를 잘하는 친구는 운동도 잘해." 어떻게 이런 말이 나올 수 있었을까? 난 이렇게 해석한다. 공부에 집중하다 보면 공부를 잘하게 되고, 똑같은 원리로 운동에 집중하다 보면 운동도 잘하게 되는 거라고. 지금부터 당신이 정말 잘하고 싶은 것이 무엇인지 생각해 보기 바란다. 그리고 깨어있는 시간 동한 계속 의도적으로 생각하려고 노력하라. 그리고 생각한 것을 행동으로 옮길 수 있

는 수많은 아이디어를 종이에 적고 그중에서도 당장 할
수 있는 것부터 체크하다 보면 그것이 결국 내가 원하는
삶으로 안내할 것이다.

난 오늘도 내가 원하는 것만 생각하고 행동한다.

9장 부의 전환을 이루는 **아홉 번째 비법**

입을 닫고 몸으로 표현하라

빈 깡통은 흔들어도 소리가 나지 않고,

가득 차도 소리가 나지 않는 법이다. 소

리가 나는 깡통은 속에 무엇이 조금 들

어 있을 때다. 사람도 아무것도 모르는

사람이나 많이 아는 사람은 아무 말을

하지 않는다. 하지만 무엇을 조금 아는

사람이 항상 시끄럽게 말을 많이 한다.

자기 말만 하는 친구는 피해라.

–탈무드

나는 고등학교를 졸업할 때까지 사람들과 관계하는
방법을 알지 못했다. 그래서 더 내성적이라고 생각했는
지도 모른다. 어느 순간부터는 '더 이상 이렇게 살아서
는 안 되겠다.' 싶었다. 우선 학교에서는 친구들에게 먼
저 다가가서 인사하는 연습부터 시작했다.

내가 처음으로 사업을 시작한다고 말씀드렸을 때 아
버지께서 나에게 세 가지 조언을 주셨다.

첫 번째 웃어라
두 번째 먼저 인사해라
세 번째 아는 척 하지 말고 배워라

나는 성인이 되고 난 후에도 이 세 가지를 금과옥조로 마음속에 간직하고 있다. 어려운 일이 있거나 풀리지 않는 문제가 있을 때 이것을 여러 번 상기한다. 이것을 반대로 하면 꼭 불편한 문제들이 생기기 시작했다.

웃지 않고 있을 때면 자동적으로 인상을 쓰게 된다. 어릴 적부터 시력이 좋지 못해 사람들을 알아보지 못하고 인사를 잘하지 못했다. 속사정을 모르는 주위 사람들은 날 보고 '싸가지 없다'고 핀잔을 주기도 했다. 아는 척은 잘 모르겠지만 무언가를 배우려고 하는 마음도 별로 없었던 것은 사실이다. 지금도 불쑥불쑥 내 맘속에서 이기심이 발동할 때가 있다. 아버지가 알려주신 세 가지 덕목을 등한시하고 있는 내 모습을 뒤늦게 발견하고 크게 뉘우친다.

멘탈이 무너진다는 것은 내 속에 있는 이기심이 발동을 걸기 시작한다는 의미다. 감사의 마음이 사라지고 주변 환경만 탓하게 된다. 시기와 질투가 올라오고 원망이 나타나면 결국 불편한 마음이 입 밖으로 튀어나오게 된다. 정말 조심해야 하는 게 입이다. 관계는 표현을 통해 만들어지지만, 관계를 망가지게 하는 것도 표현이다. 말의 표현이 인간관계를 가장 어렵게 만든다.

　오죽하면 '말로 사람을 죽인다'는 말까지 생겨났겠는가. 나도 그런 적이 수없이 많았다. 상황이 좋지 않게 돌아가고 원하는 대로 풀리지 않을 때가 있다. 나도 모르게 불쑥 원망 섞인 말들이 터져나온다. 똑같은 말도 부정적인 뉘앙스로 표현된다. 이럴 때 가장 지혜로운 방법은 입을 닫는 것이다.

　입을 닫았다면 다음은 몸을 쓰는 것이다. 우리 몸은 움직이고 땀을 내면 노폐물이 몸 밖으로 빠져나와 건강한 몸을 유지하는 데에도 도움이 된다. 무엇보다 건강한 정신, 아니 평정심 유지에도 도움이 된다. 그래서 나는 해결되지 않은 문제가 생기면 일단 모든 것을 덮어두고 바로 헬스장으로 달려간다. 그리고 러닝머신에서 아무 생각이 들지 않을 때까지 땀을 낸다. 그러고 나서 다시 한번 그 문제의 정확한 본질을 파악하려고 노력한다. 몸과 맘은 일심동체다. 우리 몸과 마음은 서로 연결되어 있다. 몸 상태가 좋지 못하면 생각도 마음도 좋지 않은 쪽으로 흘러간다. 마음속 멘탈을 잡고 싶다면 몸을 쓰고 말을 줄이는 연습에 매진해보자.

나의 생각 폴더

'생각을 한다'는 것은 내가 무언가 바라는 것이 있다는 의미이다. 그리고 그것을 이루기 위해 또 다른 '생각 폴더'를 만들어 낸다. 그리고 그런 생각들이 쌓이면 결국은 어떤 모습으로라도 행동으로 표현이 된다. 그게 인간의 일이다. 물론 내가 생각하는 것이 모두 행동으로 표현이 되지 않을 때가 있다. 이때는 생각의 총량이 부족할 때이다. 사람들은 그것을 '간절함의 부족'이라고 한다.

나는 여러 가지 생각폴더를 가지고 살아간다. 그중에서 내가 현실에서 꼭 이루고자 하는 생각이 있다면 오랜 시간 깊게 생각하고 폴더 안에 폴더를 만드는 작업을 한다. 그리고 어느 정도 폴더가 차기 시작하면 나도 모르게 다른 무언가를 하고 있다. 지금은 '디지털 트렌스포메이션'이란 생각폴더가 수없이 만들어져서 나와 함께하는 많은 분들과 이걸 공유하고 가르치고 있다.

성공한 사람들은 과연 어떤 생각폴더를 활용해서 성

공으로 연결할까? 성공한 사람들은 원하는 것이 생기면 '호기심'이란 생각폴더부터 먼저 만든다.

　이렇게 되면 어떨까?
　재미있지 않을까?

　그리고 그 다음은 그것을 이룰 수 있는, 아니 이것을 연결할 수 있는 또 다른 생각폴더를 만들고 레버리지할 수 있는 부분을 찾는다. 그렇게 반복하다 보면 자신도 모르는 사이에 말과 행동으로 표현된다.

10장 부의 전환을 이루는 **열 번째 비법**

멘탈이 나를 부자로 만든다

믿음은 바라는 것들의 실상이요 보지 못

하는 것들의 증거니

−성경 (히브리서 11장 1절)

나의 멘탈을 가로막는 3가지 믿음

첫 번째, 세상에 대한 믿음

10년이면 강산도 변한다. 그 속담은 10년이라는 세월이 그만큼 길다는 의미를 담고 있다. 긴 세월만큼 생활 환경에도 많은 변화가 있다. 개인용 컴퓨터가 없던 시절에는 정보는 소수의 전유물이었다. 스마트폰이 만들어지기 전까지는 개인은 오직 자신과 주변만 공유했다. 하지만 이제는 세상이 개인의 모든 정보를 알 수 있는 시대가 되었다. 시대는 더이상 나를 기다려 주지 않는다. 지금의 10년이란 시간은 삶을 통째로 바꿀 수 있는 시대라는 의미다. 내가 무엇을 생각하고 그것에 대한 명확한 계획과 행동만이 나를 나답게 살아가게 할 수 있다. 그렇다고 조바심을 낼 필요는 없다. 내가 준비되면 그것에 맞는 방법은 자연스럽게 보일 것이다. 또한 운명을 바꿔줄 사람도 만나게 될 것이다. 단지 때 또는 타이밍이라는 것은 절대적일 수 없기 때문에 내가 확신을 가질 때까지는 많은 경험을 해봐야 한다. 그것이 진짜 내가 앞으로 한 발 나아갈 수 있는 유일한 길이기 때문이다.

두 번째, 타인에 대한 믿음

팬데믹을 겪으면서 부의 격차는 더 심화되고 있다. 주변에 보이는 사람들이 부동산, 주식, 그리고 코인 등을 통해 새로운 부를 만들어내고 있다. 하지만 이런 현상을 보면서 '그 사람들은 왜 이리 운이 좋아.'라며 외면할 일이 아니다. 투자할 종잣돈조차 없이 하루하루 열심히 일을 하고 있는데, 분명 그들과 똑같은 팬데믹을 겪으면서도 누구는 부를 이루고 누구는 그대로이거나 더 어려운 늪에 빠져 허우적댄다. 세상이 나와는 상관없이 돌아간다는 믿음이 나의 발목을 잡게 된다.

세 번째, 자신에 대한 믿음

나는 학창시절 음악을 공부했다. 하지만 전공을 잘하지는 못했던 것 같다. 처음에는 단순히 노래 부르는 것이 공부하는 것보다 나은 거 같았다. 대학을 가기 위해 레슨을 받았으며 좀 더 좋은 무대를 서기 위해 노력을 했을 뿐이었다. 대학 졸업을 앞두고 나의 진로는 전공과는 상관없는 길로 접어들었다. 유통이라는 사업에 뛰어든 것이다. 그리고 오랜 시간 교제해 온 지금의 아내와 결혼을 했다.

20대 후반에는 미국 뉴욕이란 곳으로 가족과 함께 유학을 떠나게 되었다. '도대체 무슨 자신감이었을까?' 하는 생각도 든다. 모아둔 돈도 없었다. 아는 인맥도 없고 영어는 "hello~! How are you!" 수준을 넘지 못했다. 좌고우면하지 못한 무모한 도전이었다. 주변에서는 무던히도 반대를 했다. 결혼도 하고 아이도 있는데 무슨 유학이냐면서. 하지만 그때는 그런 말들이 내 귀에는 들어오지 않았었다. 지금이 아니면 다시는 이런 기회가 없을 것 같았다. 그렇게 나의 미국생활이 시작되었다. 미국 도착과 함께 어려움이 찾아왔다. 2008년 '리먼브라더스 사태'라는 엄청난 위기가 미국 전역을 강타한다. 내가 살며 뿌리를 내려야 하는 뉴욕도 예외는 아니었다. 환율은 계속 올라만 갔다. 가져온 돈은 바닥이 보이기 시작했다. 아내는 8개월 된 아들과 집에만 있었다. 자연스럽게 우울증까지 겪게 된다. 순간 내 맘속에서 심한 원망이 올라왔다.

'왜? 내가 여기에 왔을까?'

유학을 반대했던 사람들의 말을 진작부터 들었어야지. 그리고 나를 질책하는 독백이 이어졌다. '넌 왜 이리 능력이 없니? 영어도 못하고 돈도 없고.'

그렇게 혹독한 빙하기를 보냈다. 불안하고 힘든 시간이었다. 중간에 유학을 포기하고 싶은 순간도 있었다. 그런데 마음속에서 지니가 작동했다. 희망으로 향하는 작은 목소리를 들을 수 있었다.

오늘 하루만 이겨보자.

그리고 다음날도
오늘 하루만 이겨보자.

이렇게 나와 가족은 3년이란 시간을 이겨내고 그곳에서 나만의 비즈니스를 시작하게 되었다. 그 비즈니스를 한국에 론칭해 많은 돈을 벌 수 있었다. 만약에 그때 모든 것을 포기하고 그냥 돌아왔다면 지금의 삶은 불가능했을 것이다.

꿈에 투자하라

운이 있다고 믿는가?

내가 늦은 나이에 아이와 아내, 이렇게 세 식구가 미국으로 유학을 떠났을 때는 2008년이다. 당시 내가 떠난 뉴욕에서는 큰 이슈가 있었다. 바로 리먼브라더스 서브프라임 모기지 사건이다. 그 때문에 전 세계가 경제적 팬데믹에 갇히게 된다. 한국발 IMF 때처럼 월스트리트는 직장을 잃은 사람들로 흘러넘치게 된다. 집을 잃은 사람들 그리고 그곳에 투자한 많은 기업과 개인 등이 추락했다. 어쨌든 원화 환율 가치는 계속해서 떨어졌고, 유학자금으로 가져갔던 돈의 가치가 너무 떨어져서 힘든 상황이었다. 떠나기 전 많은 분들이 걱정했다.

"유학 갔던 사람들도 지금 모두 들어오고 있는데 꼭 지금 가야겠어?"

그런데 나는 생각이 달랐다. 지금 가지 않으면 평생 나에게는 유학은 없을 거라고. 그래서 무조건 떠났다. 미국에 도착한 뒤 몇 달 되지도 않아 솔직히 후회하기 시작했다. 아는 사람도 없고 영어는 늘지도 않았다. 가져간 돈은 점점 바닥이 보이기 시작했다. 아내는 우울증에 걸려 이유식을 시작한 아이에게 제대로 영양식조차 공급하지 못했다. 생활이 최악으로 가는 것만 같았다.

'지금 나는 여기서 뭘 하고 있는 거지?'

누구한테도 하소연조차 할 수가 없었다. 이 모든 것은 내가 선택한 일이었기 때문이다. 내 마음조차 잡기가 힘들어서 새벽기도를 시작했다. 내 이야기를 들어줄 누군가를 찾고 싶었던 것 같다. 기도하면서 나도 모르게 하나님을 원망하기도 했다. 지금의 고난이 제발 조금이라도 나아지기를 소망하는 울부짖음. 그렇게 매일을 소리를 내어 울었다. 어느 날 교회에서 개인 엽서함에 한 장의 편지가 들어있어 읽어 보았더니 이런 내용이었다.

'기도하시는 모습이 너무 보기 좋습니다. 그런데 너무 소리를 내셔서 저의 기도시간이 방해가 됩니다.'

그럴만도 했다. 그때의 심정은 너무 간절했다. 너무 힘들었고 정말 숨고 싶었다. 아니, 죽고 싶었다. 내가 유일하게 스스로 할 수 있는 건 교회에 가는 것, 그리고 우는 것이었다. 그게 아니었다면 아마 중간에 포기하고 한국으로 돌아왔을 것이다. 그렇게 새벽기도 시작하고 몇 개월이 지났다. 그런데 기적 같은 일들이 생기기 시작했다. 교회에서 나한테 성악 레슨을 받고 싶다고 학부모님이 찾아 오기 시작했다. 다니는 교회는 아니었지만 2시간 거리에 있는 교회에서 지휘자를 구하는데 한번 인터뷰를 해보지 않겠느냐는 연락도 왔다. 경제적인 부분이 조금씩 채워지기 시작했다. 그것뿐만 아니라 지금의 내가 있을 수 있게 해 준 비즈니스도 우연히 운명처럼 찾아왔다.

생각해 보면 미국에 오지 않았다면, 내가 새벽에 일어

나서 기도하고 성경을 읽고 학교를 일찍 가고 조금 더 부지런하지 않았다면, 아마도 내게는 아무 일도 일어나지 않았을 수도 있다. 혹시 지금도 '나는 왜 이다지도 운이 없는 거야.'라고 생각하는 사람이 있다면 난 꼭 이 말을 들려주고 싶다.

"오늘의 나는 2년 후의 나를 돕고 있는 거야."

그러니까 지금 내가 할 수 있는 일에 집중해 보라고, 그리고 그것이 결국 나의 꿈에 투자하고 있는 시간이라고. 당장에 일어날 일이라면 그건 운과 꿈도 아니다. 이 법칙을 깨닫게 된 후부터 모든 것에 적용하기 시작했다. 새로운 일을 시작할 때도 일이 잘 풀리지 않을 때도 '지금 꿈의 공장이 가동을 시작했고 내가 포기하지 않는다면 분명 꿈의 공장은 절대 멈추지 않는다'고.

오늘도 당신의 꿈에 투자하라.

11장 부의 전환을 이루는 **열한 번째 비법**

부자로 살든지 격차로 살든지 선택하라

내가 알고 있는 최대의 비극은 많은 사

람들이 자기가 진정으로 하고 싶은 일이

무엇인지 알지 못하고 있다는 것이다.

–데일 카네기

하루를 대하는 자세가
일생을 대하는 자세가
똑같다.

요즘에는 온통 챌린지 천지다. 춤을 추는 챌린지, 건
강을 위한 챌린지, 공부하는 챌린지 등. 나 또한 많은 챌
린지에 내 생각과 몸을 갈아넣고 있다. 왜 나는 챌린지
를 하게 되었는가? 아마도 내 의지가 부족하기 때문일
것이다. 이렇게 수많은 챌린지를 통해 내가 원하는 성장
을 하나씩 이룰 수 있어 챌린지를 지금도 계속하고 있
다. 짧게는 일주일 길게는 한 달, 어떤 챌린지는 진짜 하
루용으로 시작해서 3개월이 넘어가는 것도 있다. 그것

은 바로 '미라클모닝'이다. 새벽을 깨워보자고 비즈니스 친구랑 오전 6시에 영상을 통해 얼굴 보기부터 시작했다. 지금은 수십 명이 함께 책을 보는 시간으로 발전했다. 많은 분들이 나에게 질문한다.

"대표님은 하루를 왜 이리 열심히 사세요? 잠은 주무세요?"

물론 열심히 살고 잠도 충분히 자고 있다. 나는 나를 너무도 잘 알고 있다. 게으르고 의지도 부족하고 욕심도 많고 나누고 싶은 것도 너무 많다. 어떻게 보면 너무 아이러니하지 않은가? 욕심도 많고 나누고 싶은 것도 많은데, 게으르고 의지도 부족하다니. 그래서 하루에 집중하고 집착하며 살아가는 것 같다. 하루라는 시간 안에는 내 일생도 포함되어 있다고 믿기 때문이다. 새벽에 일어나서 오전~ 오후~ 저녁~ 밤~, 이렇게 보내는 시간은 많은 것을 의미한다. 새벽은 '탄생'이고, 오전은 '청년', 오후는 '중년', 저녁은 '노년', 밤은 '죽음'. 이처럼 하루를 잘못 보내면 결국은 죽음 또한 힘들게 될 거라 생각하며 하루를 보낸다.

미국에서 사업을 하다가 한국으로 비즈니스 거점을

옮기고 나서 한동안 힘든 시간을 보냈다. 열심히는 하는데 일은 내 뜻대로 풀리지 않았다. 나와 아내는 함께 일했다. 미국에서는 아이 둘을 키우기 위해 두 사람이 시간을 나누었지만, 한국에서 비즈니스를 하겠다고 마음먹고부터는 제일 먼저 해결해야 하는 게 둘째 아이의 양육이었다. 미국에서 아이를 낳고 100일 정도 되었을 때 한국에 왔기 때문에 둘째를 누군가가 전담해서 캐어하지 않으면 안 되었다. 마음먹고 돌아온 한국땅이었기에 마음은 아프지만 지방에 계시는 와이프 이모님 댁에 아이를 부탁했다. 이모님께서는 둘째를 낳고 얼마 되지 않아 미국에서도 봐주셨던 경험이 있다.

그렇게 아이를 맡기고 우리 부부는 하루를 쪼개가며 최선을 다했다. 하지만 끝이 보이지 않을 만큼 동굴 깊은 곳에서 우리 둘만 소리를 지르는 것처럼 아무도 목소리를 들어주지 않는 삶을 보냈다. 그럴 때마다 둘이서 자주 해온 말이 있다.

오늘만 해보자
내일은 모르겠고 '오늘만 해보자.'

이 말이 결국 한국에서 사업을 시작하고 딱 3년 만에 업계에서도 믿을 수 없는 성과로 이어졌다. 당연히 지방으로 보낸 아이는 1년 만에 데려올 수 있게 되었다. 지금 그 아이는 초등학교 5학년이다. 끼도 넘치고 꿈많은 아이로 무럭무럭 자라고 있다. 가끔 아이에게 물어본다.

"넌 아빠 엄마가 어릴 때 이모할머니 댁에 맡겼는데 어떻게 생각해?"

그럼 아이는 아무렇지 않게 대답한다.

"괜찮아. 지금이 중요하지."

그렇다. 아이는 기억조차 없다. 그냥 내 마음속에 미안함이 남아 있을 뿐이다. 그래서 둘째 아이한테 마음이 더 간다.

시간을 다른 말로 시절, 때 등으로 표현한다. 힘든 시절 그때를 회상하며, 그때가 있었기에 지금의 모습으로 성장할 수 있었다고 자신있게 이야기할 수 있다. 특별한 재능을 타고나지 않았다. 그렇다고 금수저로 태어난 것도 아니다. 지극히 평범하게 태어나서 조금의 여유를 부릴 수 있는 삶을 살 수 있다는 이 자체가 '오늘이란 딱 하루만은 뭐든 할 수 있는 시간'이다.

나는 이것을 '만만한 하루'라고 부른다.

왜 나만 힘든 걸까

살다 보면 누구나 일년 아니 한달에도 수십 번 이런 생각을 할 때가 있다. SNS를 보면 다들 신나고 좋은 곳에 가서 좋은 사람들과 맛있는 것도 먹고 여행도 하며 재미있게 사는 것 같은데 왜 나만 이러고 살까? 그런 생각이 드는 사람들도 많을 것이다. 진짜 나만 그럴까? 그렇지 않다. 모든 사람이 이런 생각을 하면서 살아간다. 하지만 이런 힘든 생각에서 벗어나는 사람도 있다. 힘이 들어도 돈을 벌고, 힘이 들어도 밥을 먹고, 힘이 들어도 운동을 하고 그러다가 또 잊어버리고 이렇게 살아가는 것이다. 이 힘듦이 죽을 만큼 벗어나기 어려운 순간도 분명 있을 것이다. 특히 내가 어떻게 할 수 없는 건강, 아무리 벗어나려고 안간힘을 써도 오랜시간 가난과 싸워야 할 때는 누구도 나를 위로할 수 없는 순간이 분명 있다. 그래도 난 이렇게 이야기해 주고 싶다.

"아침에 해가 뜨듯이 저녁이 되면 해가 진다."

그렇다면 '언제?'라는 질문이 돌아올 것이다. 그건 누구도 대답해 줄 수 없지만 믿어야 한다. 나 또한 그런 순간을 너무나 많이 겪었다. 미국에 생활할 때 '왜 나만 가난할까? 왜 아무도 주변에 없을까? 딱 한 명만이라도 도움을 줄 수 있는 사람이 있다면 얼마나 좋을까. 그냥 혼자 미국에 왔다면 가족은 덜 힘들었을 건데. 그리고 한국에 와서도 뭐 좀 하려고 하면 사건사고는 왜 나한테 만 다 일어나는 걸까?'

바로 '나'를 빼고 '누구나' 일어날 수 있는 문제일 뿐이다. 결혼생활, 직장생활, 그리고 모든 삶의 국면에는 '힘듦'이라는 과정이 항상 포함되어 있다. 이것까지도 일이고 삶인 것이다. '힘든 건 안 하고, 좋은 것만 해야지' 이럴 수는 없다. 하지만 이런 힘듦의 과정을 통해 우리는 분명 성장하고 있다. 힘듦이 없다면 인간은 아마 지구에서 살아남지 못했을 것이다. 추워서 옷을 만들기 시작했고 배가 고파서 먹을 것을 찾아다녔을 것이다. 우리가 겪고 있는 힘듦 속에 희망과 소망과 기회가 있음을 기억하기 바란다. 그것이 우리를 성장하게 하고 있고 나를 더 나은 곳으로 안내하고 있기 때문이다.

오늘도 힘드셨나요?
그럼 그냥 커피 한 잔에 응원 한 스푼.

'잘하고 있어.'
'수고했어.'
'너니까 이겨내고 있는 거야.'

12장 부의 전환을 이루는 **열두 번째 비법**

나를 스스로 인정하는 순간
세상은 나를 중심으로 변한다

진정한 적은 외부에 있는 것이 아니라

내부에 있다. 나를 극복하는 순간 모든

상황은 180도 바뀐다.

　　　　−배달의 민족 김봉진 의장

네가 최고야

나를 스스로 인정하는 순간 세상은 나를 중심으로 변한다.

10대에는 친구가 인정하는 나로 살아가고, 20대는 주변의 많은 선배가 인정하는 나로 살아왔다. 그리고 30대에는 돈이 인정하는 나로 살아왔으며, 40대가 되는 순간 가족이 인정하는 나로 살아가고 있다. 모든 인정은 내가 아닌 주변의 평가였다. 40대 중반이 되어가며 내가 나를 바라봤을 때 '참 괜찮은 사람'이 되고 싶다는 생각을 했다. 전 인류 중에서 하나뿐인 존재로 태어났고 살아가고 있으며 죽을 것이다. 그렇다면 한 번뿐인 인생을 다른 누구도 아닌 자신의 존재로 살아갈 때 가장 행복할 수 있다.

흙수저

공고 출신

전문대 졸업

첫 사업 실패

무자본 창업

이런 수식어의 주인공은 지금의 '배달의 민족'을 창업한 김봉진 의장이다. 그는 '세바시' 프로그램을 통해 사장이 되는 방법 3가지를 이야기했다.

첫 번째, 사장의 아들로 태어나면 된다. 바로 금수저 물고 태어나면 나도 사장이 될 수 있다.

두 번째, 열심히 공부하고 노력해서 미국 아이비리그 하버드대학에서 MBA까지 마치고 수많은 경력을 쌓으면 사장이 될 수도 있다.

마지막은 최고가 되기 위해 끊임없이 노력하고 또 노

력하고 포기하지 않으면 된다.

그는 어릴 적 화가가 꿈이었다 하지만 가정형편이 좋지 못해서 제대로 된 공부를 하지 못했다. 하지만 그는 꿈을 포기하지 않고 공고를 졸업한 후 전문대에 진학해서 디자인을 공부하게 되었고 결국은 지금의 '우아한형제들'의 대표가 된다.

그가 사장이 되기 위해서 선택하고 행동한 것은 바로 자신이 좋아하고 잘하는 분야에서 최고가 되기를 마음먹고 최선을 다해 노력한 것이다.

초등학생이 중학생에게 놀아달라고 하면 놀아주지 않는다. 같이 놀려면 내가 중학생이 되면 된다. 한마디로 내가 어떤 분야에서 최고가 될 수 있다면 최고와 함께 일하고 놀 수 있다. 그럼 최고가 되기 위해서는 어떻게 해야할까?

1. 꾸준함
2. 소명의식

3. 최고가 되기 위한 노력

이 세 가지는 흙수저 일지라도, 공부를 잘 못하더라도, 내가 선택한 분야에서 최고가 되는 방법이다.

나를 나답게 산다는 것은 '꽃이 되느냐, 꿀벌이 되느냐?'를 정하는 일이다. 꿀벌은 태어난 시기에 따라 수명이 다르지만 평균 1개월을 산다고 한다. 사는 동안 수없이 많은 꽃을 찾아가 꽃가루를 채집하며 일생을 보낸다고 봐도 과언이 아니다. 하지만 꽃은 어떤가? 꽃은 벌이 찾아올 수 있도록 향기를 내뿜으며 기다린다. 나를 나답게 산다는 건 내가 꿀벌이 아닌 꽃이 되기를 선택하는 것과 같다. 내가 좋아하는 게 무엇인지, 그리고 그것을 지키기 위해 어떤 노력을 해야 하는지를 알고 지속적으로 행동하는 것이다. 그럴 때 꿀벌이 향기를 맡고 찾아 오듯이 나의 재능을 알아보고 기회가 오는 것이다.

많은 이들이 이런 질문을 한다.

'좋아하는 일 vs 잘하는 일 둘 중에 어떤 일을 해야 하나요?'

난 '좋아하는 일을 잘하는 일로 바꾸라.'고 말한다. 하지만 그것이 무엇인지 모른다면 지금 하고 있는 일을 좋아하게 만드는 것도 하나의 방법이다. 지금 하고 있는 일을 하게 된 이유가 분명 있을 것이다. 타인의 의해서든 환경에 의해서든 이유 없는 일은 없기 때문이다. 분명 그 안에는 내가 경험해야 하는 무엇인가가 있을 것이고, 그것이 나중에 내가 좋아하면서 잘하는 일로 바뀌게 되는 경험이 되기 때문이다.

내가 '부자'로 살아가야겠다고 생각한 가장 큰 이유는 나를 지키고, 가족을 지키고 그것이 진정 행복을 위한 가장 가치 있는 삶이란 사실을 알았기 때문이다. 돈과 시간은 항상 부족할 수밖에 없다. 끊임없는 행복에 대한 가치 추구를 삶의 목표라 한다면, 돈을 단순히 좇아가는 게 아니라 그것을 활용해서 나에게 가장 중요한 것을 지키는 도구로 만들어야 한다. 그렇게 삶의 목적을 잃지 않고 살아간다면 분명 '부'는 당신의 편이 될 것이다.

13장 부의 전환을 이루는 **열세 번째 비법**

부자의 관성

부자는 누구인가? 만족하는 이다. 만족

하는 이는 누구인가? 그런 이는 없다.

—벤자민 프랭클린

우리 안에는 항상 두 가지 마음이 동시에 있다. 하나는 변화하려는 마음이고, 다른 하나는 익숙함을 유지하려고 하는 마음이다. 변화하려는 마음은 내 안의 부족함을 깨닫고 지금까지의 습관에서 벗어나려는 마음이다. 하지만 쉽지 않다. 이유는 우리 몸과 뇌는 항상성(변화를 최소화하고 안정된 상태를 유지하려는 경향)을 유지하고 싶어 하기 때문이다. 이게 바로 익숙함이다. 아무리 작심을 해도 다시 원래의 습관으로 돌아온다. 그것을 작심삼일이라고 말하기도 한다. 나 또한 다르지 않다. 매번 무언가를 해보겠다고 작심하지만 삼일이 무언가? 하루 이틀만 지나도 몸에서 원래의 습관이 튀어나온다. 그럼에도 불구하고 누군가는 변화를 계속해 나간다. 만약

'변화하지 않으면 죽는다.'라고 가정해보자. 그러면 누가 변화하지 않을 것인가? 자연은 수많은 변화를 해왔고 지금도 하고 있다. 이것은 오직 살아남기 위해서이다. 그렇다면 우리도 분명 변화할 수 있다.

인간의 뇌는 3가지로 구성되어 있다.

1. 뇌관(파충류의 뇌) : 호흡, 체온, 맥박조절
2. 변연계(포유류의 뇌) : 감정, 기억, 욕구 주관
3. 전두엽(영장류의 뇌) : 판단, 예측, 계획, 통제

뇌관은 생명을 유지하기 위해 발달한 것이고, 변연계는 우리가 자라나서 청소년기를 지나 성인이 될 때까지 발달한다고 한다. 그리고 전두엽은 20대 중반까지 발달한다. 우리가 주목해야 하는 점은 바로 전두엽의 활동이다. 인간만이 가지고 있는 유일한 뇌의 기능이기도 하다. 미래를 예측할 수도 있지만 가장 중요한 것은 본능, 충동을 통제할 수 있다는 것이다. 나는 술을 자주 마시는 편은 아니지만 몇몇 친한 친구들과 술을 마실 때는 너무 과해서 스스로를 조절하지 못할 때가 있다. 그래서 현재는

얼마 동안 술을 마시지 않을 수 있는지 금주를 하면서 시간을 측정하고 있다. 마지막으로 술을 마신 뒤 지금까지 40일이 지났다. 이제는 술 생각도 나지 않고 지금의 일상이 너무 편안해졌다. 내가 이렇게 할 수 있었던 이유는 술을 마실 수 있는 상황을 먼저 제거하는 일부터 시작했기 때문이다. 집에서 보이는 술부터 모두 치우고, 혹시나 술 약속을 잡을 친구들과 연락을 하지 않고 있다. 그렇게 하루, 이틀, 일주일, 한 달이 지나니 이젠 눈에 술이 보여도, 친구에게서 연락이 와도 아무렇지 않게 거절할 수 있다. 우리가 동물과 다른 것은 이렇게 전두엽을 사용할 수 있다는 것이다.

이제 다시 말해보자 '변화할 수 있는가?'에 대한 질문이다. 꼭 죽음을 걸지 않더라도 누구나 변화할 수 있다. 목표를 세운다면 변화를 통해 그것을 이룰 수 있다. 나는 야구를 그렇게 좋아하지는 않는다. 하지만 얼마 전에 야구선수 한 명을 알게 되었다. 그래서 그 선수의 일상이 궁금해졌고, 매번 경기결과를 자주 찾아본다. 바로 오타니 쇼헤이 선수다. 오타니 선수는 메이져리그에서 투수와 타자를 겸하면서 양쪽 모두 탁월한 성적을 내고 있다.

이런 경우는 베이브 루스 이후 처음이다. 이 선수가 이렇게 성장할 수 있었던 이유를 찾아보니 바로 자기관리에 있었다. 관련기사를 읽으면서 나보다 나이는 어리지만 존경스럽게까지 느껴졌다.

어느날인가 경기가 너무 풀리지 않았고 결국 그 경기에서 패배했다. 돌아가는 길에 운전기사와 대화를 나눴다.

"오늘 같은 날에는 나가서 술 한 잔 해야죠?"

"술을 마신다고 패배가 없어지지도 않고, 내일이 바뀌지도 않습니다."

오타니 선수는 이렇게 대답했다고 한다. 분명 맞는 이야기지만 이것을 실행할 수 있는 사람이 얼마나 될까? 누구나 욕구를 쫓아서 살아간다. 그 욕구로 인해 많은 손해를 입을 때도 많다. 하지만 잠시 이 욕구를 내려놓고 다시 한번 이성을 되찾았을 때 그때부터 변화는 일어난다.

나를 포함해서 많은 사람들이 "잘살고 싶다." "돈이 많았으면 좋겠다." "가족들과 친구들과 보낼 수 있는 시간이 많았으면 좋겠다."라고 말한다. 하지만 그것을 위해서는 분명 우리는 변화가 필요하다는 사실을 안다. 그러면 지금까지 이야기했듯이 우리는 변화할 수 있다. 지금보다 나은 삶을 상상해 보라. 그럼 분명 우리는 지금보다 행복할 것이다. 당장 모든 것을 변화시킬 수 없을지라도 하나씩이라도 변화하면 된다. 지금 내가 할 수 있는 한 가지부터 찾으면 된다.

나는 이 원고를 탈고한 후 내 인생에 마지막 책일 것이라고 생각하고 이후로 글을 쓰지 않고 있다. 하지만 '다시 변화하고 성장하기 위해 뭐부터 시작하지?'라고 생각했을 때 새벽을 깨우고 운동을 시작하고 그리고 글을 쓰게 되었다. 이것이 결국 내일의 나를 만들어 갈 것이라는 확신이 있다. 이 책은 지금보다 더 잘살고, 행복해 지고 싶은 변화하려고 하는 이들을 위한 책이다. 지금부터 크게 외치고 다시 시작하자.

난 지금부터 힘들어도 변화할 것이다.
난 지금부터 무슨 일이 있더라도 변화할 것이다.
난 지금부터 넘어져도 다시 일어나서 변화할 것이다.
난 지금부터 죽는 순간까지도 변화할 것이다.

그것이 나를 성장하게 만들고, 원하는 모든 것을 이루게 할 것이며, 나를 행복하게 만들 것이다.

14장 부의 전환을 이루는 **열네 번째 비법**

일자리는 사라지고, 일거리는 많아진다

"가장 큰 위험은 위험을 감수하지 않는 것입니다. 빠르게 변화하는 세상에서 실패가 보장되는 유일한 전략은 위험을 감수하지 않는 것입니다."

-마크 주커버그

기술이 발달하면서 자동화와 인공지능의 급속한 발전으로 인해 '일자리가 사라지고 있다.' 자동화는 제조 및 소매에서 고객 서비스 및 금융에 이르기까지 산업을 혁신해 왔다. 기계가 점점 더 일상적인 작업과 복잡한 의사결정 프로세스를 수행할 수 있게 됨에 따라 특정 직무와 역할이 중복되기에 이르렀다.

예를 들어, 자동화 시스템과 로봇 공학은 많은 제조 및 조립 라인 작업을 대체했으며 챗봇과 가상 도우미는 일상적인 고객 지원 작업을 대체하기 시작했다. 자동화는 효율성을 개선하고 기업의 운영 비용을 줄이는 반면, 인간 노동자를 대체하여 실업과 고용 불안을 야기하였다. 앞으로 이런 현상들은 수없이 많은 곳에서 일어나게 된다.

잃어버린 일자리를 일거리로 만들어야 한다

COVID-19 팬데믹을 겪으면서 일어난 많은 변화들 가운데 하나는 출근을 하지 않고 일을 하는 재택근무자들의 증가다. 그리고 그들 중에서 출근과 퇴근으로 소요되는 시간을 활용해서 새로운 지식을 배워서 그것을 활용해 추가적인 수입을 얻는 사람들이 늘어났다. 배움이라는 것이 선택이 아니라 필수인 시대에 살고 있는 것이다. 이것을 다르게 말하면 부자들은 항상 배움을 통해서 새로운 제품을 찾고 비즈니스 모델을 시대에 맞춰 변화하면서 수입을 늘려가고 있고 시장을 변화시켜 왔다.

'삼성'이란 기업은 창업자 (고) 이병철 회장으로부터 시작했다. 당시에 무역회사로 시작하여 섬유, 식품가공, 보험, 전자 등 다양한 산업에 진출하여 지금의 삼성이란 이름을 국민들에게 인식시켰다. 그리고 2대 회장인 (고) 이건희 회장의 재임 기간 동안 삼성은 전자, 반도체, 모바일 장치, 가전 및 디스플레이 기술에 크게 집중했다. 특히 삼성전자는 세계 가전시장의 강자로서 이젠 국내

브랜드가 아닌 전세계적 브랜드로서 가치를 인정받게
되었다. 지금의 삼성은 이재용 회장을 필두로 또 다른 변
화를 준비하고, 그것을 통해 새로운 삼성을 만들어 가고
있다. 이렇게 기업들은 계속적으로 배움과 변화를 멈추
지 않고 있다. 그렇기에 지금까지 생존할 수 있었고 발전
할 수 있는 것이다.

최고의 기회인 순간

우린 지금 세상이 변화하는 중심의 시간에서 살고 있
다. 이 말은 즉, 엄청난 기회가 숨어져 있다는 뜻이기도
하다. 배운다는 것은 단순히 지식만 배우는 것이 아니라
스스로를 보다 한 단계 업그레이드시키는 것이기도 하
다. 나의 가치는 누가 올려주는 것이 아니라 나 자신만이
올려줄 수 있기 때문이다. 이것을 통해 지금 이 순간도
백만장자들이 나오고 있는 것이다.

당장에 뭘 해야 될지 모르겠다면 내가 관심있는 분야
의 책 20권을 읽어라. 그리고 그것을 통해 내가 할 수 있

는 단 한 가지를 정하고 시작하면 된다. 분명 책을 읽으면서 새로운 지식이 쌓이는 것을 느낄 것이고, 공통적으로 책에서 이야기하는 단어들이 취합될 것이다. 그리고 지금 시대에 흐름에 맞는 일거리들이 눈에 보일 것이다. 그것이 시작이다.

당신은 분명 할 수 있다. 그리고 이것을 멈추지 마라.

"우리 아들은 공부를 안해서 그렇지 머리는 똑똑해."

난 어릴적 학교에 왜 다녀야 하는지 이해가 되지 않았다. 하지만 다들 가니까, 가라고 하니까, 어쩔 수 없이 다녀야 했다. 학교에서 배우는 공부는 머리에 들어오지도 않아 항상 성적표를 받으면 부모님께 보여드리지 않고 숨기거나 버렸던 기억이 난다. 당시 부모님께서는 장사를 하셔서 바쁘기도 했지만 나의 성적을 잘 물어보시지 않으셨다.

그렇게 초등학교 중학교를 졸업할 즈음에 나에게 조금이나마 재능이 있다는걸 알게 되었고, 그 재능을 살려 예고를 가게 되고 그곳에서 당시 여자친구이자 지금의 아내를 만났다. 이 친구는 공부도 잘했고 전공실기 또한 잘했다. 그 친구가 보기에 내가 이렇게 고등학교를 마무리하면 대학 진학이 어렵겠다 생각을 했는지 수업을 마치고 잠깐 보자고 하면서 영어단어집과 편지를 주었다.

"오빠! 난 오빠가 대학을 갔으면 좋겠어."

그 마음이 내게 조금씩 조금씩 느껴졌고 그때부터 쉬는 시간에 친구들이 매점을 가는 시간에도 나머지 공부를 하고 누가 시키지도 않았음에도 불구하고 가장 일찍 등교해서 공부했다. 그렇게 모의고사 성적이 점점 오르고 결국 수능시험에서도 좋은 성적을 받아 특차(수시)로 내가 원하는 대학교에 입학할 수 있었다. 나에게 와이프는 은인이다. 나의 부족함을 채워준 것이 아니라 아버지가 항상 이야기 했던 "우리 아들은 공부를 안해서 그렇지 머리는 똑똑해."라는 말을 스스로 깨달을 수 있게 해주었기 때문이다. 난 그 이후부터 지금까지 이 말을 믿고 있다.

"난 안해서 그렇지 하기만 하면 잘 할 수 있어."

그 후로는 어떤 일을 시작하면 끝까지 하려고 한다. 그 것이 결국 내가 원하는 것을 얻을 수 있는 것임을 알았기 때문이다.

15장 부의 전환을 이루는 **열다섯 번째 비법**

모든 답은 내 안에 있다

"자신을 멀리서 바라보라"

-니체

Tony Hsieh는 1999년에 온라인 신발 및 의류 소매 업체 재포스(Zappos)를 공동 설립한 기업가다. 그는 고객 서비스와 회사 문화에 중점을 두는 것으로 알려진 회사를 수십억 달러 규모의 비즈니스로 성장시키는 데 중요한 역할을 했다. Zappos 기업 문화의 핵심은 그의 책 《Delivering Happiness: A Path to Profits, Passion, and Purpose》을 통해 알려진 '행복전달'이라는 개념이다.

7시간 28분의 전화통화

어떤 회사의 콜센터 직원이 고객 한사람과 7시간 28

분간 전화통화를 했다면 그 직원은 어떻게 될까? 아마 다음 날 상사에게 불려가 따끔한 주의를 듣는 것은 물론 심지어 근무 태만으로 징계를 받을지도 모른다. 하지만 재포스에서는 사정이 다르다. 이 직원은 '우수 직원'으로 칭찬을 받고, 사무실에 사진이 걸린다. 이 회사의 CEO(최고경영자) Tony Hsieh는 기자에게 대수롭지 않다는 듯 말했다.

"뭐 때문에 그렇게 오래 이야기했는지는 모르지만, 고객을 위해 최선을 다한 좋은 직원이죠."

1999년 설립된 재포스는 미국의 온라인 신발 의류 판매회사다. 신발 판매에서는 미국 1위. 설립 이듬해 160만 달러(18억 원)에 불과했던 이 회사의 매출은 연평균 100%씩 늘어 10년 만에 12억 달러(약 1조 3000억 원)을 돌파했다. 하지만 이 회사는 스스로를 '최고의 온라인 판매 기업'이라고 부르지 않는다. 대신 '최고의 서비스 기업'이라고 부른다.

기자가 미국 라스베가스에 있는 재포스 본사를 방문

했을 때는 월요일 오전 9시였다. 이 회사가 '고객 충성팀 (Customer Loyalty Team)'이라고 부르는 2층 콜센터에 들어섰을 때 상담원인 제시는 한 남성 고객과 통화 중이었다.

"저는 제시입니다. 뭘 도와 드릴까요?"

"주말에 뉴욕에 있는 결혼식에 가야 하는데, 제 양복에 어떤 구두가 어울릴까요?"

"어떤 양복을 입고 가실지 결정하셨어요?"

제시는 마치 친구와 이야기하듯 이 남자와 20분 가까이 통화를 이어갔다. 남자는 "고마워요. 생각해 볼께요."라면서 전화를 끊었다. 주문도 하지 않은 채 말이다. 긴 시간을 들여 상담하고도 신발을 팔지 못하면 실망스럽지 않으냐고 하자 그녀는 환하게 웃었다.

"회사가 저한테 기대하는 건 당장 제품 하나를 팔기 위해 고객을 몰아붙이는 게 아니거든요. 고객을 감동시키고 평생 가는 관계를 만드는 거죠. 이분이 원하는 신발을 못 찾아 실망했을까 걱정이에요."

재포스 회사의 경영원칙을 한 문장으로 표현하면 "고객을 기업에 맞추지 말고 기업을 고객에 맞춰라."이다.

기업이 회사를 경영하려면 가장 우선적으로 생각할 수 밖에 없는게 이윤이다. 하지만 Tony Hsieh는 최고의 가치를 고객에 두었기 때문에 Zappos라는 기업이 탄생할 수 있었다. (내용 출처 : Delivering Happiness: A Path to Profits, Passion, and Purpose)

나와의 대화, 자연과의 대화, 신과의 대화

난 매일 같은 시간에 일어나서 조깅과 산책을 하려고 노력한다. 세상은 하루에도 수없이 변하고 있고 그것을 쫓아가려고 하면 할수록 더 빠른 속도로 도망가는 것만 같다.

부자가 되려고 하면 세상의 흐름을 읽는 것도 중요하지만 결국 본질을 파악하는 것을 잊으면 안 된다. 앞에서 Zappos의 Tony Hsieh가 기업의 핵심가치를 고객에게 두었듯이 '무엇을 위한 것인가?'에 대한 질문을 수없이 해야만 기업은 살아남을 수 있다.

자연에서의 산책은 내게 이런 시간을 갖게 한다. 30

분 동안은 아무 생각 없이 무작정 뛴다. 그리고 땀을 뻘뻘 흘리고 집 근처 산책코스에 접어들면 모든 것이 고요한 순간이 온다. 단지 새소리와 벌레 소리, 바람 소리만이 나에게 들릴 뿐이다. 그때에야 비로소 내 머릿속에는 생각들이 들어오기 시작한다. '오늘 무슨 일을 해야 하지?' '어떻게 그 문제를 해결하지?' 등. 그리고 한참을 걷다 보면 새가 말을 걸어오듯이 큰 소리로 자기에게 귀를 열어달라고도 한다. 이렇게 또 걷다 보면 나도 모르게 기도를 하게 된다. 그리고 오늘 내게 주어진 모든 것에 대해 감사의 시간을 가진다. 이 시간이 나를 지금에 머무르지 않을 수 있게 하는 동기의 시간이다.

많은 부자들이 산책뿐 아니라 명상을 하는 것 또한 다르지 않다. 자신과의 대화, 그리고 신과의 만남을 통해 절대적인 것을 찾아가는 과정이 결국은 부자가 되는 가장 근본적임을 알아차렸기 때문이다.

지금부터 시작해라

아무도 방해하지 못하는 시간과 장소를 찾아라. 그리고 그곳이 이젠 나를 부자의 길에 들어서게 하는 '아지트'라 명명하고 그곳을 자주 방문하라.

16장 부의 전환을 이루는 **열여섯 번째 비법**

앞만 보다가 큰 것을 놓친다

"인생은 가까이서 보면 비극이지만

멀리서 보면 희극이다"

―찰리 채플린

예고, 예대를 졸업한 나의 첫 번째 직업은 오페라 하우스의 조명 스태프였다. 그전에도 학교를 다니면서 아르바이트로 신문 배달, 우유 배달을 하거나 패스트푸드점에서 일한 적은 있지만 직업이라고 생각한 첫 번째 일은 바로 조명 스태프일이다. 당시 난 졸업반이었는데, 그해 지역에서 오페라하우스가 개관한 후 첫 번째 프로젝트로 대학 오페라축제가 열렸다. 리허설을 위해 오페라하우스에 도착해서 자리를 정리하고 있는데 나이가 지긋이 있으신 분이 나오셔서 물었다.

"애들아! 너희 중에 혹시 무대 조명을 도와줄 친구없니?"

아무도 그 일이 뭔지도 몰랐지만 왠지 몸을 쓰고 힘든

일이라 생각했는지 지원하는 사람이 없었다. 근데 나는 그날따라 몇 시간 동안이나 서 있었기에 합창 연습하는 것도 싫증이 나서 나도 모르게 손을 들었다.

"제가 할게요."

그후에 알게 된 거지만 그분은 오페라 하우스가 생기면서 서울에서 오신 조명 감독님이셨다. 그것도 업계에서는 손꼽히는 유명한 조명 디자이너이시기도 하셨다. 그 계기로 난 오페라하우스에서 프리랜서로 조명 스태프 일을 하게 되었고, 그 나이 또래의 친구들이 만질 수 없는 돈도 벌게 되었다. 그렇게 오페라하우스에서 일을 하다 보니 그곳에서 다양한 사람들이 일을 하고 있다는 것을 알게 되었고 관심도 커져갔다. 그래서 무대일도 배우게 되었고 끝내 연출까지 배워서 오페라 조연출이라는 일까지 하게 되었다.

연출 일을 하다 보니 많은 연출가 선생님을 만나게 되었는데 그중에서 나에게 가장 큰 영감을 주신 분이 계셨다. 그분은 지금은 고인이 되었지만, 영화 연극 TV에 나오는 많은 배우분들의 스승이기도 하신 (고) 김효경 선생님이시다.

연출이 뭐라고 생각해?

오페라 작품 하나를 무대에 올리려면 많은 배우들과 스태프들의 노고가 필요하다. 그렇게 무대를 올리고 첫 공연을 마치면 마치 관례처럼 수고한 사람들끼리 모여서 뒤풀이를 하게 된다. 그날도 첫 공연을 올리고 뒤풀이 장소에 도착했는데, 마침 김효경 선생님 맞은편 자리가 비어 있어서 그 자리에 앉게 되었다. 먼저 한 분 한 분 메인배우들과 감독님들이 일어나셔서 인사 말씀을 하시고 건배도 하면서 시간이 흘렀다. 이제는 각자 테이블에 앉아 가까이 있는 분들과 담소를 나누는 시간을 갖게 되었다. 이때 김효경 선생님이 나에게도 소주 한 잔을 권하시면서 물으셨다.

"넌 꿈이 뭐야?"

난 당시 꿈에 대한 생각을 해보지 않았을 때라 한참을 생각하다가 "선생님처럼 멋지고 유명한 연출가가 되고 싶습니다."라고 말씀드렸다. 그랬더니 다시 물으셨다.

"연출이 뭐라고 생각해?"

꿈에 대한 질문도 제대로 대답을 못했는데, 연출을 제대로 해보지도 않은 나에게 이 질문을 뭐라고 대답조차할 수가 없었다. 그래서 그냥 "잘 모르겠습니다."라고 한것 같다. 그랬더니 선생님께서 이렇게 말씀을 해주셨다.

"연출은 관객이 되는거야."

이게 뭔 소리지? 이해가 되지 않았지만 주변에 나이 많으신 선생님들이 많아서 더이상 이야기를 이어갈 수 없었다. 하지만 이후 내가 조연출을 시작하고 연출까지 하면서 그때 선생님이 말씀해 주신 "연출은 관객이 되는 거야."라는 말의 진정한 의미가 이해되었다.

오페라 작품을 볼 때 내가 어떤 상황인가에 따라 작품을 바라보는 관점이 달라진다. 성악가로서 무대를 볼 때면 '배우가 소리를 잘 내는지? 노래를 얼마나 잘하는지?'에만 관심을 가진다. 그리고 조명을 담당하고 있다면 '빛이 무대와 세트에 잘 맞춰졌는지? 타이밍에 맞게 제대로 빛이 들어왔는지?'를 오페라가 진행되는 3시간 내내 지켜본다. 그리고 연출을 배우고 있을 때는 '배우들이 동선에 맞게 잘하고 있는지? 실수는 하지 않는지? 그리고 관객들 반응은 어떤지?' 이런 것들이 눈에 들어

온다. 그런데 결국 선생님이 말씀하신 "연출가는 관객이 되는거야." 라는 의미는 관객에 입장에서 작품을 봐야만 그 작품이 배우, 무대, 조명, 사운드를 통틀어 잘 어우러지는지 재미가 있는지 감동이 있는지가 비로소 느껴진다는 뜻이다.

사업가는 연출가다

처음 사업이란 것을 시작할 때는 뭐든 잘해야 된다고 생각했다. 그래서 무조건 나만 잘하면 되는 일인 줄 알았다. 내 몸이 하나라는 사실을 그때 당시에는 잘 몰랐다. 시간이 지나서 미국 유학을 준비하면서 '1년 동안 내가 자리를 비워도 사업체는 운영되겠지?' 라고 생각하고 떠났는데, 내가 비운 자리는 생각보다 커서 불과 몇 개월 뒤부터는 문제가 하나하나 나타나기 시작하고 결국은 1년도 되지 않아 폐업할 수 밖에 없었다. 그리고 미국에서 두 번째 사업을 시작하면서 사업에서 가장 중요한 것은 시스템이란 것을 깨닫게 되었다. 내가 잘하는 것도 중요하지만 함께하는 팀들이 얼마나 조화롭게 각자의 위치에서 잘할 수 있게 만드느냐가 결국 레버리지되는 결과로 나타난다는 것을 알았다. 앞에서 김효경 선생님께서 말씀하신 "연출가는 관객이 되는 것이다."라는 의미를 사업을 하면서도 되새기게 되었다.

　나는 "사업을 하는 연출가다."
　나는 "누구를 위해 일하는가?"
　나는 "그들에게 무엇을 해야 하는가?"

　이것이 결국 나를 지금의 자리까지 오게 했다. 앞으로도 내가 가야하는 길은 먼 길이다. 그 길을 가면서 이것만은 절대 잊지 않을 것이다. 그리고 나와 같은 길을 걸으려고 하는 사람이 있다면 꼭 이것만은 알려주고 싶다.

17장 부의 전환을 이루는 **열여섯 번째 비법**

늦었다고 생각할 때가 가장 이른 때다

"어느 날, 아침에 눈을 떠보니 이제 당신

이 원했던 것들을 할 시간이 없다는 것

을 깨닫는 순간이 올 것입니다. 그러니

지금 시작하세요."

–파울로 코엘료 《승자는 혼자다》 중에서

KFC 켄터키 대령

1890년 9월 9일 인디애나 주 헨리빌의 작은 농장에서 태어났다. 젊은 Harland Sanders의 삶은 쉽지 않았으며 아버지가 일찍 세상을 떠난 후 많은 책임을 져야 했다. 그는 어려움에도 불구하고 그는 부엌에서 어머니를 도우면서 요리에 대한 열정을 키웠다. 그때만 해도 음식에 대한 그의 사랑이 언젠가 미국의 요리 풍경을 바꿀 것이라는 사실을 인지하지 못하고 있었다.

그는 40살이 넘을 때까지 고정된 직장은 사실상 없었으며 40이 넘어서 택한 식당 관련 직종들 역시 성공하지 못했다. 사실상 그가 편안히 여생을 보낼 수 있는 안정된 삶을 살게 됐을 때는 이미 60대 후반이었다. 그는 늦은 나이에도 대단한 노력으로 정상의 자리에 올랐고 늙을 때까지 엄청난 열정으로 살았다. 지금의 KFC를 상징하는 인자한 할아버지 이미지는 성공한 이후의 실제 켄터키 대령 Harland Sanders의 모습이다.

거절과 실패

샌더스 대령이 프라이드 치킨 레시피를 처음 프랜차이즈화하기 시작했을 때, 그는 새로운 것을 시도하는 것을 주저하는 식당 주인들로부터 여러 차례 거절당했다. 그의 오리지널 레시피는 첫 번째 프랜차이즈를 찾기 전에 천 번 이상 거절당했다.

샌드스 대령의 여정은 미국이 경제적으로 어려운 시기인 대공황 시기(1929-1939)에 이루어졌다. 이러한 경제 환경은 사업을 시작하려는 모든 기업가에게 상당한 어려움을 안겨주었다. 이런 역경에도 불구하고 샌더스 대령은 인내하며 레스토랑을 계속 운영하고 변화하는 환경에 적응할 수 있는 혁신적인 방법을 찾았다.

이렇게 그는 늦었다고 생각할 수 있는 나이임에도 불구하고 사업에서 물러서는 순간까지 멈추지 않는 열정과 의지를 불태워서 지금의 우리가 알고 있는 KFC를 일궈냈다.

2008년 겨울 JFK공항

서브프라임 모기지 사태(2007-2010)로 세계 금융 위기가 도래했다. 대부분의 유학생들이 한국으로 돌아오는 시기에 나는 유학길에 올랐다. 이미 나이도 적지 않았고 결혼도 했고 아이도 있었다. 그럼에도 불구하고 지금 아니면 난 평생 유학을 할 수 없을거라 생각하고 제대로 준비도 되어 있지 않은 상태에서 떠날 수 밖에 없었다. 몇 달은 한국에서 가져간 돈으로 나름 편하게 살았다. 하지만 이 기간은 오래가지 못했다.

가져간 돈이 바닥을 보이기 시작하면서 불안해졌다. 와이프도 말은 안 하지만 짜증이 늘고, 조금씩 눈치를 주

는 것만 같았다. 일단 돈을 벌어야 했다. 인터넷을 검색
해서 내가 할 수 있는 일자리를 찾기 시작했다. 그런데
아무리 찾아봐도 내가 할 수 있는 일이 너무 없었다.

일단은 유학생 신분에다 사회보장번호(SSN : Social
Security Number)가 있어야 아르바이트라도 할 수 있
었지만 내게는 없었다. 겨우 찾은 것이 한국분이 운영하
는 식당에 서빙하는 일이었다. 그리고 주말에는 맨하탄
에 여행오신 한국분들을 대상으로 개인 가이드(정확하
게는 개인운전사)를 하는 일이었다. 조금이나마 살림에
보탬이 될 것 같아 시작한 일이다.

새벽 6시에 집에서 나가서 맨하탄에 있는 ESL학원에
서 수업을 들은 후 수업이 끝나면, 식당가서 서빙하고,
주일에는 교회에서 솔리스트하고, 가끔은 교회에서 소
개받은 학생들 레슨도 했다. 한국에서도 바쁘게 보냈지
만 여기서도 만만치 않았다.

어느날인가 맨하탄에서 일을 마치고 집으로 오는길에
버스에 타고 있을 때였다. 갑자기 아무런 이야기도 없이
버스가 도로 한가운데 정차를 하고 운전사는 차키를 뽑
은 채 아무런 설명도 없었다. 그렇게 몇 시간을 버스에서

보낸 적이 있다. 새벽이 되어서 차가 출발하고 집에 도착해서 알게 되었지만 그날이 바로 영화 〈허드슨 강의 기적〉으로 유명한 역사적인 상황이었다. 2009년 1월 15일, 탑승객 155명을 태운 여객기가 라과디아 공항에서 이륙한 지 얼마 되지 않아 새떼와 부딪히는 사고를 당했다. 하지만 그 상황이 혹시나 테러일지도 모른다고 판단한 뉴욕시에서 모든 전자신호와 교통을 통제한 것이다.

지금 생각해도 잊을 수 없는 날이었다. 하지만 그때 나의 몸과 멘탈은 최악이었다. "내가 뭐 하려고 여기까지 온거야?" 당시 제대로 끼니도 챙기지 못해 몸무게는 60kg 밑으로 떨어졌다. 한국에서 올 때 유학기간으로 예상했던 1년이 벌써 되어가는데 영어는 좀처럼 늘지 않고, 이곳에서 한 것이라고는 한국식당에서 서빙하고 한국어로 가이드하고 교회에서 솔리스트에 애들 레슨하는 정도였다.

한국에서도 충분히 할 수 있는 일을 하고 있는데도, 비싼 월세 내면서 가족들 고생시키고, 와이프와는 맨날 싸우기만 하고, 아들에게는 제대로 된 이유식조차 못 사주는 못난 아빠라는 사실이 스스로 용서가 되지 않았다. 이

렇게 또 1년이 훌쩍 지나갈 것만 같아서 불안한 마음까지
들었다.

분명 내가 여기 온 이유가 있을 거야

　똑같은 일상을 보내고 집에 들어와서 오랜만에 아내
와 저녁식사를 함께하다가 와이프가 줄 게 있다며 책 두
권을 내게 주었다. 그것도 어떻게 구했는지 한국어로 된
책이었다. 한 권은 이지성 작가의 《꿈꾸는 다락방》 또
한 권은 로버트 기요사키의 《부자아빠 가난한 아빠》라
는 책이었다. 버스 안에서 보내는 시간이 많고 지루하기
도 해서인지 책을 생각보다 빨리 읽어 낼 수 있었다. 당
시에 나에게 스마트폰이 있었다면 책을 읽지 않았을지
도 모른다.

　그렇게 두 권의 책을 읽었는데 마음 속에서 설레이는
감정을 느꼈고, 머리로는 이 책에 있는 내용을 믿어보고
싶다는 생각이 들었다. 그렇게 집으로 오자마자 당장 할
수 있는 R=VD(꿈꾸는 다락방의 꿈을 이루는 공식) 내

용대로 집 전체에 "We will be Millionaires in a year 우리는 1년안에 백만장자가 될것이다" 라는 문구를 프린트

화장실 문과 현관 문에 붙여진 프린트

해서 붙여놓았다.

　그리고 매일 원하는 상상을 하기 위해 먹고 싶은 것, 하고 싶은 것, 갖고 싶은 것, 가보고 싶은 곳을 종이에 적고 매일 외치고 상상했다. 그렇게 얼마가 지나고 나서부터 신기한 일이 벌어지기 시작했다. 먹고 싶은 것으로 랍스터를 적었는데 교회에서 예배를 마치고 성가대에서 회식 장소로 갔더니 그 집이 마침 랍스터 전문점이었다. 속으로 생각했다.

　'맞아. 상상하고 적으니까 이뤄지네.'

　와이프를 바라보는데 같은 생각을 하는 것 같았다. 그렇게 몇 달이 채 되지 않은 시간에 우리가 적어놓은 것들이 하나씩 이뤄지기 시작했다. 그러던 어느날 전화 한 통을 받았다. 예전에 함께 성가대에서 솔리스트를 했던 집사님이셨다.

　"문집사, 혹시 성가대 지휘자 할 생각 없어?"

　근데 난 그 전까지 단 한 번도 지휘를 해본 적이 없다. 그래서 솔직히 말씀을 드렸고, 일단 전화를 끊었다. 며칠 후 다시 그분께서 연락을 주셔서 일단 목사님과 인터뷰를 해보기로 말씀을 하셨다면서 약속시간을 잡아주셨다. 약속한 날 교회로 목사님을 만나 이런저런 이야기를 하시면서 같이 교회를 섬겨보자고 말씀하셨다. 나한테는 기적같은 일이 일어났다. 뉴욕이란 곳에는 줄리아드 음대, 뉴욕음대와 같이 좋은 음악대학이 많다. 그리고 그곳으로 유학을 오거나 나처럼 학사만 졸업한 것이 아니라 석사, 박사학위를 가진 분들도 너무 많기 때문에 이런 일이 나에게 생긴다는건 상상도 못할 일이었다. 그것도 교회에서 성가대 지휘자는 Full Time JOB(정식직원)이다. 이것뿐 아니라 영주권 스폰서까지 해주신다고 했다. 인터뷰를 마치고 돌아오는 길에 기도와 찬양이 절로 나오지 않을 수가 없었다.

　내가 여기에 온 이유가 분명 있구나.

　그 후로도 나의 미국 생활에는 엄청난 일들이 계속 일어났다.

18장 부의 전환을 이루는 **열여덟 번째 비법**

끌리는 사람 끌려 다니는 사람

매력적인 입술을 갖고 싶다면 친절한 말을 하라.

사랑스러운 눈을 갖고 싶다면 다른 사람의 좋은 점을 발견하라.

날씬한 몸매를 원하거든 너의 음식을 배고픈 사람에게 나누어라.

아름다운 머리카락을 갖고 싶으면 하루에 한번 어린이가 손가락으로 너의 머리를 쓰다듬게 하라.

아름다운 자세를 갖고 싶으면 결코 너자신이 혼자 걷고 있지 않음을 명심해서 걸어라.

–오드리 헵번

초등학교 시절 나는 부모님과 함께 교회에 다녔다. 그때 같은 또래 중에 병근이란 친구가 있었다. 이 친구는 성격이 너무 좋아 주변에 친구들이 많았던 것으로 기억한다. 하지만 난 내성적인 성격이라 항상 조용히 교회만 왔다갔다 했었다. 당시에는 성격이 좋은 병근이가 부러웠던 적도 있었다. 솔직히 말하면 주변에 친구가 많은 것이 부러웠다. 중학교를 들어가고부터는 집 근처에 있는 교회로 옮겼기 때문에 그 친구를 다시 보지는 못했다. 하지만 부모님들끼리는 계속적으로 친분이 있었기에 가끔 소식을 들을 수 있었다.

한참의 시간이 흘러서 대학교에 진학하고 다시 모교인 교회에 성가대 솔리스트를 하기 위해 다시 출석하게 되었는데, 어릴적 친구들 중 몇몇이 그대로 이 교회를 다니고 있어 반가웠다. 그중에 병근이도 있었다. 그는 나를 보자마자 반갑게 맞아주었고 이것저것 챙겨주기까지 했다. 그 이후에도 내가 장사를 할 때도 한 번씩 놀러도 오고 자주는 아니지만 가끔은 만남을 가졌다.

기명아 니 맞나?

미국으로 유학을 떠났다가 3년 반만에 한국으로 돌아와서는 일이 너무 바쁘기도 했지만 평소에도 친구가 많지 않아 어떤 모임도 가본 적이 없다. 지금도 특별한 모임을 찾아가지는 않는다. 한국으로 돌아와서 운이 좋게도 3년이란 시간만에 내가 하고 있는 비즈니스 업계에서 누구나 알 만한 사람이 되었다. 전국으로 강의도 다니게 되었고, 유튜브나 네이버에 이름을 넣으면 신기하게도 누군가가 좋은 글과 영상을 올려주는 분들이 많아졌다. 그렇게 똑같은 일상을 보내는 중에 한 통의 전화를 받았다. 나이가 어느 정도 있는 성인 남성의 목소리였다.

"혹시 기명이 전화 맞나요?"

"네 그런데요, 누구시죠?"

"니 진짜 기명이 맞나?"

그때도 난 누군지 알 수가 없었다.

"나 병근이다."

그제서야 목소리와 이름이 기억속에서 매칭되었다. 미국 가기 전에는 한 번씩 얼굴을 봤지만 그 이후 거의 10년 만에 듣는 목소리라 생각지도 못했다. 원래 나는 사람을 잘 기억하지 못한다. 그래서 실수도 많이 한다. 어쨌든 병근이와 통화하면서 약속을 잡고 그 친구가 운영하는 편의점을 찾아가게 되었다. 오랜만에 보는 친구는 내가 예전에 알던 모습의 병근이는 아니었다. 내 기억에는 20대의 모습이었는데 세월이 흘러서 40대의 병근이를 보게 된 것이다.

반갑게 인사를 나누고 가게 앞에 앉아 이런저런 이야기를 하다가도 손님이 오면 계산을 하러 들어가고 또 잠시 이야기를 이어갔다. 지난 세월 동안 있었던 많은 이야기를 하루 만에 다 하기는 어려웠다. 하지만 분명한 건 이 친구도 나만큼이나 안 본 사이 사연이 많았다.

또다시 병근이를 만나러 갔다

병근이의 가게가 아들이 아이스하키를 하고 있는 곳이랑 가까운 곳에 있어서 아들을 데려다 주고는 한 시간 정도 시간이 남아 병근이를 찾았다. 그날도 어김없이 손님이 많았다. 근데 그날따라 이 친구가 달라보였다. 동네 편의점의 특성상 주변에 살고 계시는 분들이 자주 방문한다는 것은 알고 있었다. 하지만 손님들 대부분의 이름을 불러주고, 그 손님이 어떤 특정 제품을 말하지도 않았는데 미리 찾아주기도 하고 돌아가는 손님에게 가족에 대한 안부까지 묻는 모습이 너무 신기했다. 한 시간 동안 그곳에 머물면서 말로만 듣던 이웃사촌의 모습을 보든 듯했다. 그 후로도 몇 번을 찾아갔지만 볼수록 너무 신기했다. 아마 내가 본 손님만도 수십 명이 넘었고 동네 아이들까지 포함하면 백 명에 가까웠을 수도 있다.

병근이로부터 가게를 어떻게 인수받았는지 들었다. 원래 이 편의점은 철수하기로 결정된 곳이라고 했다. 주변에 편의점도 많고 매출이 다른 지점에 비해 너무 떨어져서 마지막으로 지인을 통해 병근이에게 맡겨졌다고 한다. 그런데 지금은 지역 전체에서도 손꼽히는 매출이 나오는 편의점이 되었다고 한다. 그 이유에 대해 직접 말해 주지는 않았지만, 충분히 짐작할 수 있었다.

김춘수의 〈꽃〉이라는 시의 내용처럼 말이다.

내가 그의 이름을 불러 주기 전에는
그는 다만
하나의 몸짓에 지나지 않았다.

내가 그의 이름을 불러 주었을 때
그는 나에게로 와서
꽃이 되었다.

내가 그의 이름을 불러 준 것처럼
나의 이 빛깔과 향기에 알맞은
누가 나의 이름을 불러다오.
그에게로 가서 나도
그의 꽃이 되고 싶다.

우리들은 모두
무엇이 되고 싶다.

이 시처럼 병근이는 내방하는 고객의 이름만 기억하고 불러준 것이 아니라 고객 한 사람 한 사람 삶의 한 부분이 되어 있었다. 그렇게 몇 달이 지난 후 병근이에게서 좋은 소식을 듣게 되었다. 편의점 본사에서 연락이 왔다고 한다. 정말 지역에서 손꼽히는 자리(상권이 좋은 곳)를 병근이가 맡아서 해줬으면 한다는 소식이었다. 지금도 시간이 날때마다 한 번씩 병근이 가게를 찾아가면 언제나처럼 그냥 지나가는 손님들까지도 서로 안부를 묻고 그들과 소통하고 있는 모습을 볼 수 있다.

벌과 꽃

나는 20년째 비즈니스를 하고 있다. 비즈니스라는 일을 성공적으로 하기 위해서 크게 세 가지의 문제를 해결해야 한다.

첫 번째는 자신이 판매하려고 하는 제품이나 서비스의 질이 높아야 한다.

두 번째는 그것을 판매하는 방법 즉 마케팅을 잘해야

한다.

세 번째는 운(타이밍)이 따라야 한다.

이 세 가지 중에서 어떤 것도 빠져서는 안 된다. 세 번째 운만 좋을 경우는 처음에야 괜찮겠지만 시간이 지남에 따라서 반드시 문제가 생길 수밖에 없다.

간혹 함께 비즈니스를 하는 분들과 마케팅에 대한 이야기를 할 때가 있다. "마케팅은 과연 무얼까요?"라는 질문에 나는 꽃과 벌의 비유를 든다.

꽃은 가만히 앉아서 어떻게 하면 벌이 나에게 찾아올까를 고민하며 아름다운 향기를 내뿜는다. 벌은 그 향기가 나는 꽃을 찾아 수없이 다니며 꿀을 모은다. 사람들은 영업과 마케팅의 차이를 제대로 이해하지 못한다. 다시 말하면 장사와 사업에 대한 차이를 이해하지 못하는 것과 비슷하다. 어떤 것이 좋고 나쁘다는 말을 하려고 하는 것이 아니다. 단순히 더 많은 돈을 벌고, 일하지 않아도 계속적인 돈을 벌기 위해서는 분명 무언가 달라야 한다는 것을 이야기하고 싶다. 다시 말해 벌과 꽃은 하는 일이 다른 것이다. 벌은 계속 혼자 수많은 꽃을 찾아다녀야 한다. 내가 혼자 모을 수 있는 꿀밖에 채취하지 못한다.

하지만 꽃은 가만히만 있어도 벌이 찾아온다.

만약 내가 영업(장사)을 하고 있는지 아니면 사업을 하고 있는지 잘 모른다면 단순히 내가 사람들을 찾아가는 일이 많은지 사람들이 나를 찾아오는 일이 많은지를 생각해 보면 된다. 이것뿐 아니라 장사와 사업의 차이는 무수히 많다.

분명 어떤 것이 쉬우냐 어렵냐의 문제는 아니지만 분명 사람들이 나에게 오게 하는 일이 더 어려운 사람들이 많다. 그 이유는 사람들은 스스로가 필요하거나 이익이 되지 않는 곳에는 잘 가려고 하지 않기 때문이다.

지금부터 많은 돈을 벌고 싶고, 일하지 않아도 돈이 들어오는 시스템을 만들고 싶다면 자신이 가진 것 중에서 사람들에게 도움이 되거나 이익을 줄 수 있는 것부터 찾아야 한다. 결국 그 지점이 내가 부자의 길에 들어가는 시작점이 될 것이다.

부자는 자신이 무엇을 갖고 있는지 안다.

19장 부의 전환을 이루는 **열아홉 번째 비법**

인풋(In put) 아웃풋(Out put)

탁월하다는 것은 아는 것만으로는 충분

하지 않으며 탁월해지기 위해서는 이를

발휘하기 위한 노력을 해야 한다.

−마크 트웨인

인풋은 말 그대로 무언가를 집어넣는 것이다. 즉 어떤 지식, 정보, 경험을 통한 학습을 통한 배움과 돈을 벌어 들이는 모든 행위가 될 수 있다.

아웃풋은 무언가를 밖으로 꺼낸다는 뜻이다. 테스트 가 될 수도 있고 내가 가진 것을 나눈다는 의미가 될 수 도 있다.

부자는 이런 인풋과 아웃풋을 매일같이 일상처럼 한 다. 이유는 한 가지다. 남들이 생각하지 못하는 부분을 찾아내고 그것을 통해 도전하고 더 많은 돈을 벌기 위함 이다. 가난한 사람과 중산층은 매일의 일상이 별로 다르 지 않다. 그러면서도 더 많은 돈을 벌려고 한다. 이는 운 에 나의 인생 전체를 맡기는 것과 다름이 아니다. 사과나

무 밑에서 사과가 떨어지기를 바라듯이 매주 로또를 사러 가는 행위를 할 뿐인 것이다. 하지만 부자는 정확한 방법을 인풋과 아웃풋을 통해 찾아낸다. 어디에서 돈이 움직일 것이고 그 돈을 자신이 있는 곳으로 옮기기 위해 어떤 방법을 취해야 할지까지 정확하게 안다.

　많은 성공한 사람들이 책을 읽어라고 이야기하는 이유는 그 책에 정보를 얻으라는 말이 아니다. 그 책을 통해 내가 미쳐 생각하지 못한 생각을 인식하라는 것이다. 그것을 메타인지라고 말한다. 이런 메타인지를 활용해서 부자는 창의적인 생각을 만들어 내기도 하고 기존의 내 안에 있는 지식과 경험을 융합하여 무엇이든 돈이 되는 것을 만들어낸다. 부자들이 멘탈이 강하다고 하는 것이 단순히 감정적인 부분이 아니라는 것도 이런 인풋과 아웃풋을 통해 메타인지의 수준을 계속 높여왔기 때문이다. 인풋만 하게 되면 머리만 큰 인간에 지나지 않는다. 아웃풋만 하게 되면 내 안에 남는 것이 하나도 없다. 인풋을 하게 되면 최대한 빠른 시간 안에 인풋에 대한 아웃풋을 해야만 자신의 것이 된다.

테스트

　시험이라는 것을 치기 위해서는 공부든 연습이든 해야만 한다. 나는 고등학교, 대학교 그리고 사회에서도 수많은 테스트를 해왔다. 학교 다닐 때는 성악 콩쿨을 나가기 위해 하루에도 수많은 시간을 연습했다. 하지만 연습하는 내내 고쳐지지 않는 부분이 한두 개 정도는 있다. 콩쿨 당일까지도 틀릴 때가 있다. 그런데 신기하게도 콩쿨이 끝나고 나서 편안한 마음으로 연습을 해보면 그 부분을 틀리지 않는다. 너무나 신기하다. 이유가 뭘까? 그건 틀린 부분이 계속적인 반복을 통해 나의 장기기억으로 남았기 때문이다. 연습은 인풋이고 콩쿨은 아웃풋이다.

말은 마음에서 나온다

　동물과 인간의 차이 가운데 '말'을 통한 의사소통은 인간만이 가지고 있는 특별한 능력이다. 지능이 높은 동물도 소통을 하지만 인간과 같은 언어로 표현하는 것은 불가능하다. 인간은 말을 하기 시작하면서 자신의 생각을 표현하기 시작한다. 그 생각을 통해 마음이 작동하고 그 마음을 말로 표현하는 것이다. 인간의 말은 생각과 마음에 있는 것을 표출하는 것이다. 상대와 대화를 하다 보면 그 사람의 마음을 알 수 있다. 상대가 어떤 사람인지 알고 싶다면 오랜시간 대화를 해보면 된다. 상대의 생각과 관심뿐 아니라 지금까지 살아온 정체성까지도 말이다. 상대가 아무리 거짓말에 능하다고 하더라도 오랜시간 그 사람과 지내다 보면 언젠가는 생각과 마음이 밖으로 표현될 수밖에 없다.

상대를 정확히 알고 싶다면 나의 말을 아끼고 상대가 많은 말을 하게 하라. 성공한 사람들이 책을 많이 읽으라고 하는 이유 중에 하나는 주변에 좋은 사람들을 두기 위해 말을 잘하는 것이 아니라 질문을 잘하기 위함이다. 그것을 통해 상대를 정확히 파악할 수 있기 때문이다. 부자는 주변의 아무나 관계하지 않는다. 그것이 비즈니스와 관계가 있다면 더욱더 사람을 구별한다.

말에는 힘이 있다. 정신과 의사가 치료를 할 때 말로

치료를 하는 것과 같다. 환자를 살릴 수도 죽일 수도 있는 것이 말이다. 《탈무드》에 "험담을 일삼는 자는 시리아 땅에 있으면서도 로마에 있는 사람을 죽일 수 있다."라는 말이 있다. 시리아와 로마는 3,000km 이상 떨어져 있다. 악의적인 말의 강력한 힘을 이야기하는 것이다. 사람의 말은 그만큼 강한 힘과 에너지를 가지고 있다. 그럼 지금 난 사람을 살리는 말을 하고 있는가? 아니면 죽이는 말을 사용하고 있는지 살펴보자.

성공하는 사람들에게는 공통점이 있다. 그들은 긍정적인 말을 한다. 부정적인 말을 하는 사람들은 없다. 정치인들 중에는 쓴소리와 비판적인 말을 하는 사람들도 있다. 그렇게 부정적인 말을 하는 사람 중에서 최고의 자리에 오르는 사람은 없다. 성공한 사람들은 희망을 말하고 비전을 말하고 소망을 말한다. 우리 속담 중에 '말로 천냥 빚을 갚는다.'라는 말이 있듯이 어떤 말은 엄청난 가치를 만들기도 하는 것이다.

내가 하루 중에 어떤 말을 사용하고 있는지 궁금하다면 녹음을 해봐라. 불평, 불만, 비판, 비난하는 말을 하고 있다면 이것부터 바꿔라. 감사, 칭찬, 희망, 소망, 비전의 말로 바꾸는 순간 주위가 바뀌기 시작할 것이고, 우주의 모든 좋은 기운이 당신이 원하는 모든 것들을 배달해 줄 것이다. 그것이 물질이든 관계든 상황이든지 말이다.

당신의 말이 당신을 부자의 길로 인도한다.

20장 부의 전환을 이루는 **마지막 비밀**

42.195 끝까지 완주하라

포기하지 마라

저 모퉁이만 돌면

희망이란 녀석이

기다리고 있을지 모른다.

꿈과 목표 그리고

자신의 신념을 실현하는

유일한 방법은

행동이다.

-피터 드러커

기원전 490년 아테네 동북방으로부터 30km 떨어져 있는 마라톤 지역에서 아테네군 1만 명과 페르시아군 10만 명이 대전투를 벌였다. 아테네군은 격전 끝에 페르시아군을 물리치고 승리했다. 이 기쁜 소식을 아

마라톤 로드에 세워진 페이디피데스의 동상
(출처 : Wikipedia)

테네의 수많은 시민들에게 전하기 위해 페이디피데스
(Pheidippides)는 42.195km의 거리를 멈추지 않고 달
려와 승전보를 전했다.

4년마다 전세계 사람들은 올림픽을 기다린다. 그리고
한마음으로 자국민의 선수를 응원하며 밤을 세운다. 우
리나라는 1936년 베를린 올림픽에서 손기정 선수가 금
메달을 딴 이래 1992년 바르셀로나 올림픽에서 황영조
선수가 금메달을, 그리고 1996 애틀랜타 올림픽에서 이
봉주 선수가 은메달을 땄고, 이후 2001 보스턴 마라톤
대회에서 우승했다. 우리나라 사람들은 마라톤이란 종
목에 분명 재능이 있다.

나는 우리나라가 전쟁 이후 이렇게 빠른 기간에 선진
국의 대열에 올라갈 수 있었던 이유로 열정과 끈기를 꼽
는다. 2002년 월드컵때를 생각해 보라. 우리가 전세계
강호들과 경기를 통해 4강까지 진출했다는 것만 봐도 알
수 있다. 당시 많은 선수들이 부상을 입은 상태에서도 끝
까지 공을 막아내고, 결국 승리까지 하게 되는 장면을 보
면서 어떻게 감동을 받지 않을 수 있겠는가? 그런 정신
이 결국 지금의 대한민국의 정신이 되었고, 그것을 통해

수많은 사람들이 짧은 시간에 부자의 반열에 오르게 되었다.

포기하지 마라

빈자와 중산층 그리고 부자는 확실히 다른 한 가지가 있다. 그것은 문제를 대하는 태도다. 가난한 사람들은 문제가 발생하면 남을 탓하고 환경을 탓하기에 바쁘다. 중산층은 조금 더 낫다. 외부를 탓하면서도 본인을 돌아볼 줄 안다. 외부의 탓을 하는 사람들의 태도는 대부분 문제가 생겼을 때 적극적으로 해결하기보다는 피하고 자신을 합리화하려고 한다. 하지만 부자들은 다르다. 그 문제에 대해 적극적인 자세를 보인다. 그리고 그 문제를 문제로 바라보는 것이 아니라 기회로 바라본다. 그러니 문제는 문제가 아닌 것이다.

투자용어 가운데 "High Risk, High Return!"이라는 말이 있다. 이 말은 "위험이 높을수록 수익(기회)도 높다"는 의미다. 다르게 해석하면 "세상에는 공짜는 없다."라는 말로도 설명할 수 있다. 그만큼 부자들은 모든 문제를 기회로 받아들이기 때문에 그때마다 성장하는 것이다.

사업을 하다 보면 수많은 문제와 맞닥뜨리게 된다. 그때마다 기회와 만나는 것과 같다. 천재지변 또한 문제로 바라보면 엄청난 문제지만 기회로 바라보면 엄청난 기회가 될 수 있다.

내가 어릴적 발생한 IMF 외환위기는 전국민에게 커다란 위기상황으로 느껴졌을 것이다. 하지만 우리 부모님에게는 당시 수입한 제품의 재고가 10배 이상 오르면서 큰 기회가 되었다. 그리고 내가 미국에 갔을 2008년 서브프라임 모기지 사태로 수많은 사람들이 직장을 잃고 1929년 경제 대공황 이후 최악의 사태라고 말했지만 그 상황에서도 부자들은 기회를 놓치지 않았다.

분명한 것은 어디서나 문제는 발생하게 되어 있다. 그것을 어떤 관점으로 바라보고 대하느냐 그리고 그 기회를 어떻게 내 것으로 만들 수 있느냐가 결국은 내가 원하는 삶을 살 수 있게 만드는 관건이 된다.

자신의 머리카락을 손으로 꽉 잡아봐라. 분명 머리카락이 당겨지면서 아플 것이다. 그 느낌을 잊지 마라. 나는 지금부터 어떤 문제가 있을때 피하고 싶은 순간이 온다면 그 행동을 하면서 정신을 차려라.

이 문제는 나에게 기회다.
절대 난 포기하지 않는다.

20대로 돌아갈 수 있다면…

만약 시간을 돌려서 20대로 갈 수 있다면 난 어떤 선택을 할 것인가? 분명한 것은 나의 가치를 높일 수 있는 경험을 지금보다 많이 할 것이다.

20대 시절 나는 무던히도 열심히 살았다. 남들보다 빨리 군입대를 했고, 제대 후에도 서울에 있는 학교로 가기 위해 겨울에 따뜻한 물도 나오지 않는 신림동 고시촌에서 살면서 아르바이트를 하며 다시 수능을 준비했다. 복학을 한 후에도 오페라하우스에서 조명 스태프, 아이들 레슨, 시장에서 장사도 하고, 미국으로 넘어가 유학생활을 하기도 했다. 이 모든 것이 나의 20대의 모습이다.

그때는 미처 알지 못했다. 40대가 되어서 어떤 일을

하게 될지, 그리고 이렇게 글을 쓰는 사람이 되어 있을 거라고도 상상도 하지 못했다. 만약 20대로 돌아갈 수 있다면 꼭 했어야만 했던 것들이 생각난다. 가장 우선적으로는 아버지와 좀 더 많은 시간을 보냈어야 했다. 대화도 많이 하면서 아버지가 살아온 삶을 좀 더 알고 싶다. 그리고 일본 극단 '사계' 오디션에 합격했을 때 바로 짐을 싸들고 갔을 것이다. 그리고 미국에서 생활했을 때 영어를 배우는 데 더 집중했을 것이다.

열심히 사는 것도 중요하지만 무엇을 위해 내가 열심히 사는지가 더 중요하다는 것을 이젠 조금 알 것 같다.

영국의 작가 루이스 캐럴이 쓴 《이상한 나라의 앨리스》를 어릴 적 만화로 본 적이 있다. 거기에 내용 가운데 앨리스가 이상한 나라에 와서 고양이 체셔를 만나는 장면에서 나눈 대화가 생각난다.

앨리스는 이상한 나라에 와서 한참 앞만 보고 걸었다.

나는 그 길을 열심히 걸어가는 중이었고요
한참이나 걸어 왔지요

그 길을 걸으면 닿을 것들에 마음도 부풀어 있었어요

그런데 느닷없이 길이 막혀버렸어요
단단한 벽이 가로막았죠.

그리고 누군가 단호하게 말해요
너는 더 이상 그 길을 걸어갈 수 없다고
그 말과 함께 길은 사라져 버렸어요

"나는 어디로 가야 하는 걸까요? (앨리스)
그때 앨리스는 고양이 체셔를 만난다.

"여기서 어느 길로 가야 하는지 가르쳐 줄래?"(앨리스)
"그건 네가 어디로 가고 싶은지에 달렸지."(고양이)

"어디로 가든 상관없어."(앨리스)
"그렇다면 어느 길로 가든 상관없잖아?"(고양이)

"...하지만 어딘가 도착하고 싶어."(앨리스)
"넌 틀림없이 도착하게 되어 있어. 계속 걷다 보면 어디든
닿게 되거든." (고양이)

내가 20대에 열심히 살면서 자주 생각했던 건

"내가 지금 잘하고 있는 걸까? 잘 살고 싶은데."

"부모님처럼 나도 살 수 있을까?"

"앞으로 어떻게 살아야 할까?"

20대의 나는 처음 경험하는 것이었기 때문에 열심히는 살았지만 항상 불안하고 두렵기도 했다. 그때 만약 내가 살아가는 목적(방향)을 정했다면, 아니 40대의 살아가고 싶은 모습을 정했다면 분명 다르긴 했을 것이다. 하지만 지금은 후회는 없다. 그때의 모습이 내가 지금 이 글을 쓸 수 있는 계기가 된 것은 분명 사실이다.

만약 지금 이 글을 20대가 읽고 있다면 지금은 알지 못할 것이다.

네가 40대에 얼마나 멋진 삶을 살 것인지를….

60대의 나에게…

내가 미래로 가서 60대의 나의 모습을 볼 수 있다면, 과연 지금 40대의 나는 어떻게 살아갈 것인가? 지금보다 더 열심히 사는 것에 집중할 것인가 아니면 지금의 삶을 충분히 즐기면서 살아갈 것인가?

예전 TV 다큐 프로그램을 통해 재활용품을 줍고 다니시는 어르신들을 인터뷰하는 방송을 보게 되었다. 그분들 모두 자신이 나이가 들어서 이렇게 살 것이라고 상상도 해보지 않았다고 한다. 그리고 또 하나 공통적인 부분은 그분들은 20대부터 60대 지금까지 열심히 살지 않은 날이 없다는 것이다. 이것이 말하는 것은 단순히 열심히만 산다고 부자로 살거나 행복하게 살 수 있는 것이 아니라는 것이다. 그러면 그분들의 수많은 선택 가운데 어떤 선택이 죽는 순간까지 원하지 않는 일을 하면서 삶을 마감하게 했는가?

분명한 것은 그들 대부분은 부자가 되겠다는 생각을 하지 않았을 것이다. 가난한 사람들은 모든 일을 할 때 "잘못되면 어쩌지?" "잘 안 될거야"라고 생각한다. 그리고 중산층은 조금더 낙관적일 것이다. "잘 되었으면 좋겠다." 하지만 부자가 되겠다고 생각했다면 이런 앞의 생각은 하지 않았을 것이다.

"내가 반드시 잘 되게 만들거야. 분명 잘 될 수밖에 없어"

이것이 빈자와 중산층 그리고 부자와의 차이를 만드는 것이다. 내가 원하지 않는 삶을 살게 되는 대부분의 사람들은 나에게 일어난 모든 결과를 내가 아닌 남이나 환경을 탓하는 습관이 있다. 하지만 부자는 그렇지 않다. 나에게 일어난 모든 결과는 내가 만든 것이라고 생각한다.

지금부터 60대 나의 모습을 상상한다.

나는 경제적 시간적 자유를 누리면서 살고 있다. 그리고 40대보다 더 건강한 몸을 가지고 있다. 그리고 10권

의 베스트셀러 책을 쓰고 내 책이 50개국의 언어로 번역
되어 판매되고 있다. 내 삶의 많은 시간을 할애해서 경제
적·시간적 독립을 원하는 사람들에게 내가 경험한 것을
가르치고, 그들의 자유를 돕고 있다. 그리고 전세계 차상
위 국가를 다니며 나의 도움이 필요한 아이들에게 경제
적 서포트뿐만 아니라 그들의 꿈과 소망을 이루어 줄 수
있는 지원 사업을 추진하고 있다.

마지막으로 60대의 나에게…

"참 열심히 살았고, 수많은 힘든 일을 헤쳐오느라 수
고했고, 무엇보다 가족에게 좋은 아빠, 남편이 되기 위해
노력한 것은 가장 잘했어."